Cymru a'r By

1900 - 1910

Bethan James

Cyhoeddwyd gan CAA, Prifysgol Cymru Aberystwyth, Yr Hen Goleg, Stryd y Brenin, Aberystwyth, SY23 2AX (http://www.caa.aber.ac.uk). Noddwyd gan Lywodraeth Cynulliad Cymru.

ISBN 978-1-84521-156-1

Ymgynghorydd y gyfres: Robin Evans
Golygydd a chyfieithydd: Gwenda Lloyd Wallace
Dylunydd: Richard Huw Pritchard
Argraffwyr: Argraffwyr Cambria

Cydnabyddiaethau
Diolch i'r canlynol am ganiatâd i atgynhyrchu deunyddiau yn y gyfrol:

Gwasanaeth Archifau Gwynedd (Pwyllgor Streic y Penrhyn); Llyfrgell Genedlaethol Cymru (O.M. Edwards, Evan Roberts, Terfysgoedd Tonypandy); Mary Evans Picture Library (Capten Scott, Bocsiwr, llong danfor, Rolls Royce, Argae Aswan, daeargryn San Francisco, Model T, swffragetiaid); © Hulton-Deutsch Collection/CORBIS (Sgowtiaid); © Bettmann/CORBIS (Coca-Cola, camera Brownie); © Wolfgang Kaehler/CORBIS (trên Traws-Siberaidd); Llyfrgelloedd Rhondda Cynon Taf (sinema Haggar); Getty Images (Jim Driscoll, Oscar Wilde, y Frenhines Victoria, Ernest Shackleton, Louis Blériot, Marie Curie, D.W. Griffith); Library of Congress, Washington, D.C. (Buffalo Bill); Topfoto (Lloyd George, Bocsiwr): tud. 4.
Topfoto: tud. 5, 13, 14(ch), 29.
© Richard Llewellyn 1939, Michael Joseph/Penguin Group UK: tud. 7(t), 9, 11 a 12.
How Green Was My Valley © 1941 Twentieth Century Fox. Cedwir pob hawl: tud. 7(g) ac 8.
© John Davies/Penguin Group UK, 1990: tud. 10 (dyfyniad o *Hanes Cymru*).
Photolibrary Wales: tud. 10(t,d), 14(d).
Penguin Group UK: tud. 10(c) (clawr blaen *When was Wales?*).
Siân Lloyd: tud. 10(c) (dyfyniad o *When was Wales?*)
Geddes and Grosset: tud. 10(g) (clawr blaen a dyfyniad o *Wales: History of a Nation*).
Getty Images: tud. 12, 64(c).
Old House Books: tud. 16.
Bethan James: tud. 22(d).
Ffederasiwn Gêmau'r Gymanwlad (Commonwealth Games Federation): tud. 26(t).
Gyda diolch i Pat Barr am ei chymorth a'i chaniatâd: tud. 31 a 32.

Pru Bell: tud. 33, 34(t).
Rudi Geudens/TSA: tud. 34(g)
Duke Millard: tud. 35.
Llyfrgell Gyhoeddus Caerdydd: tud. 37.
BBCNews ar http://news.bbc.co.uk/: tud. 38(d)
Library of Congress, Washington, D.C.: tud. 41.
Llyfrgell Genedlaethol Cymru: tud. 42, 49, 52(t), 54, 56(g,ch), 57(t,ch), 64(ch), 68.
www.firstpeople.us/photographs/Blue-Horse-Oglala-1872.html: tud.45 (ch).
Bob Puw: tud. 45(d).
Robert Jakes (www.robertjakes.co.uk): tud. 48(t)
Sain (Recordiau) Cyf.: tud. 24(g) (Crai CD045-Y Moniars-*Y Gorau o Ddau Fyd*), tud. 57(t,d) (Crai SCD2507-Lleuwen Steffan-*Duw a Ŵyr/God Only Knows*).
Gyda chydweithrediad Gwasg y Bwthyn: addasiadau o ddyfyniadau o *Evan Roberts a'i Waith*, D.M. Phillips, E.W. Evans, Dolgellau, Swyddfa'r Goleuad, 1912 (30 Medi 1904 a Hydref 1904), a dyfyniad o *Y Diwygiad a'r Diwygwyr: hanes toriad gwawr diwygiad 1904-5*, gydag amryw ddarluniau, E.W. Evans, Dolgellau, 1906 (Tachwedd 1904): tud. 50.
Gwasanaeth Archifau Ynys Môn: tud. 52(c).
The Historical Association: tud. 56(t).
Crusade for World Revival: tud. 56(g,d).
John Fry/Cwmni Theatr Cymru: tud. 57 (*Amazing Grace*).
Project Bara'r Bywyd: tud. 58.
Mary Evans Picture Library: tud. 60, 64(d).
Gerallt Llewelyn: tud. 61.
Cyngor Sir Powys: tud. 62.
Gwasanaeth Archifau Gwynedd: tud. 63(g).

Gwnaethpwyd pob ymdrech i olrhain a chydnabod deiliaid hawlfraint. Bydd y cyhoeddwyr yn falch o wneud trefniadau addas gydag unrhyw ddeiliaid na lwyddwyd i gysylltu â hwy.

Diolch i Sara Davies, Sandra Elson, Glenys Harrison a Meurig Jones am eu harweiniad gwerthfawr.

Diolch i'r ysgolion canlynol am gymryd rhan yn y broses dreialu:
Ysgol Uwchradd Dinbych, Dinbych, Sir Ddinbych
Ysgol Gyfun Trecelyn, Trecelyn, Caerffili

Diolchiadau'r awdur :
I Ralph Siggery, Beryl Hughes Griffiths a Bob Puw am f'arwain i'r Gorllewin Gwyllt;
I Pru Bell am rannu stori ei hen nain gyda ni;
I genhedlaeth o ddisgyblion a fu'n amyneddgar iawn wrth i mi fwrw fy mhrentisiaeth.

Mae fersiwn Saesneg o'r gyfrol hon ar gael hefyd.

Cynnwys

Cyflwyniad

Mae'r llyfr hwn yn sôn am ddegawd cyntaf yr ugeinfed ganrif.

Mae'n debyg y byddwch **chi** yn cofio am rai agweddau ar ddegawd cyntaf yr unfed ganrif ar hugain.

- Beth ydych chi'n ei gofio? (Dathliadau teuluol, llwyddiannau mewn chwaraeon, trychinebau naturiol neu ddigwyddiadau rhyngwladol?)
- Beth sy'n gwneud digwyddiad neu brofiad yn gofiadwy?
- Pwy ydy'r bobl nodedig sy'n gwneud argraff arnon ni?

Aseiniad 1 : Llinell-amser ar gyfer 2000-2010

Hwyrach eich bod eisoes wedi llunio llinell-amser ar gyfer eich bywyd eich hun pan oeddech yn yr ysgol gynradd neu yn ystod eich wythnosau cyntaf yn yr ysgol uwchradd. Gofynnwch i ffrindiau ac aelodau o'ch teulu eich helpu i lunio **llinell-amser ar gyfer 2000-2010**.

Dylech gynnwys:
i) Digwyddiadau pwysig yn eich bywyd eich hun;
ii) Digwyddiadau lleol, cenedlaethol a rhyngwladol rydych yn eu cofio;
iii) Pobl oedd yn y newyddion ar y pryd;
iv) Dyfeisiadau newydd, teganau, ffasiynau.

Aseiniad 2 : Am beth ddylen ni fod yn ei ddysgu mewn gwersi hanes?

Cymharwch eich llinell-amser â llinell-amser ffrind.

Trafodwch y cwestiynau canlynol â'ch partner:
i) Ydy'r digwyddiadau ar y ddwy linell-amser yn debyg?
ii) Ydych chi wedi dewis digwyddiadau cenedlaethol a rhyngwladol tebyg?
iii) Sut aethoch chi ati i ymchwilio i'r degawd? Ydych chi wedi defnyddio pobl ac adnoddau mewn ffyrdd tebyg?
iv) Sut wnaethoch chi benderfynu cyflwyno'ch llinell-amser? Ydych chi wedi defnyddio geiriau, print, lliw a lluniau mewn ffyrdd tebyg?
v) Gweithiwch gyda'ch partner i ddewis **tri digwyddiad** yn ystod eich bywyd chi rydych yn credu y dylai eich wyrion ddysgu amdanyn nhw yn eu gwersi hanes yn ail hanner yr unfed ganrif ar hugain. Pam wnaethoch chi ddewis y digwyddiadau yma?
vi) Sut wnaethoch chi benderfynu pa ddigwyddiadau fyddai'n cael eu rhoi ar eich llinell-amser?

Cyflwyniad

Atebwch y cwestiynau canlynol yn eich llyfr:

i) Pam nad ydy pob llinell-amser yn y dosbarth *yn union* yr un fath?

ii) Darllenwch beth mae pobl eraill wedi'i ddweud am **hanes**. Dewiswch **un** o'r dyfyniadau canlynol. **I ba raddau** rydych chi'n cytuno â'r awdur? Ysgrifennwch rhwng 150 a 200 o eiriau i gefnogi'ch barn. Defnyddiwch dystiolaeth i gefnogi'ch barn.

a) "Dim ond portread o droseddau a helyntion ydy hanes." (Voltaire)

b) "Yr unig beth rydyn ni'n ei ddysgu o hanes ydy nad ydyn ni'n dysgu dim o hanes." (Friedrich Hegel)

c) "Does gan genhedlaeth sy'n anwybyddu hanes ddim gorffennol na dyfodol." (Robert Heinlein)

ch) "Dim ond cofiant i ddynion mawr ydy hanes y byd." (Thomas Carlyle)

d) "Mae angen i ni astudio hanes i gyd, nid er mwyn syrthio'n ôl i mewn iddo, ond i weld a allwn ni ddianc rhagddo." (José Ortega y Gassat).

dd) "Mae dyn sydd ddim yn parchu'i hynafiaid yn waeth nag anifail gwyllt." (dywediad gan yr Indiaid Americanaidd)

2000-2010

Fy nheulu a finnau										
2000	2001	2002	2003	2004	2005	2006	2007	2008	2009	2010

Cymru

Y byd

1900-1910

Fy nheulu a finnau

Cymru

1900　1901　1902　1903　1904　1905　1906　1907　1908　1909　1910

Y byd

Aseiniad 3 : Pwy oedd yr Ysgogwyr a'r Cynhyrfwyr yn 1900-1910?

Mae'r llyfr hwn yn sôn am rai o'r bobl oedd yn byw yn ystod degawd cyntaf yr ugeinfed ganrif. Roedd rhai ohonyn nhw'n bobl gyffredin a doedden nhw ddim yn enwog yn eu dydd; roedd eraill yn enwog ar y pryd ond anghofiwyd amdanyn nhw wedyn; roedd eraill yn bobl eithriadol yn eu dydd ac maen nhw'n parhau'n enwog heddiw. Gwnaeth y bobl hyn bethau arbennig a effeithiodd ar y gymdeithas roedden nhw'n byw ynddi. Disgrifir pobl fel hyn yn aml fel 'ysgogwyr' neu 'gynhyrfwyr'.

Cafodd arddangosfa o'r enw *'Movers and Shakers'* ei chynnal yn yr Archifdy Gwladol yn Llundain un tro. Ewch i wefan yr Archifdy i ddarllen am rai o'r bobl oedd yn cael eu hystyried yn 'ysgogwyr a chynhyrfwyr' gan yr archifwyr.
http://www.nationalarchives.gov.uk/events/calendar/movers.htm

Paratowch gerdyn cofnod am bob person rydych yn ei 'gyfarfod' yn ystod eich astudiaeth o'r degawd hwn. Gallai'r cardiau hyn eich helpu i adolygu ffeithiau allweddol ar gyfer profion ac arholiadau. Gallen nhw edrych rhywbeth yn debyg i

David Lloyd George
g:1863 – m:1945
Cofir amdano heddiw oherwydd:

*   Ef oedd AS Rhyddfrydol Caernarfon o 1890 i 1945, a gellir gweld cerflun ohono ar sgwâr y dref.
*   Ef gyflwynodd Bensiynau'r Henoed am y tro cyntaf.
*   Arwyddodd Gytundeb Heddwch Versailles ar ddiwedd y Rhyfel Byd Cyntaf.

Beth ellwch chi ei wneud gyda'ch cardiau?

i) Rhowch y cardiau yn nhrefn yr wyddor mewn amlen y gallech ei gludo i glawr cefn eich llyfr hanes. Neu gallech baratoi blwch ffeilio o gardiau i'w storio yn yr ystafell hanes neu'r llyfrgell fel bod disgyblion eraill yn gallu ei ddefnyddio yn eu gwaith ymchwil.

ii) Cynlluniwch gêm *Top Trumps*, ond yn gyntaf bydd raid i chi greu system sgorio i enwogion!

iii) **Mewn parau:** Trowch y cardiau wyneb i waered ar fwrdd. Codwch ddau gerdyn. Os ellwch chi feddwl am gyswllt rhwng y ddau gymeriad, cewch gadw'r pâr. Y disgybl gyda'r mwyafrif o barau sy'n ennill!

iv) Defnyddiwch y cardiau i'ch helpu i adolygu. Mae athrawon yn hoffi rhoi marciau i chi am ffeithiau (e.e. AS Rhyddfrydol Caernarfon). Byddan nhw fel arfer yn rhoi mwy o farciau os gellwch chi ddefnyddio geiriau fel **'oherwydd'** yn eich atebion (e.e. mae Lloyd George yn enwog **oherwydd** ei fod wedi rhoi pensiynau i'r henoed am y tro cyntaf). Byddwch yn gwneud argraff ar athrawon os gellwch ddod o hyd i **'gysylltiadau'**, **'tebygrwydd'** a **'gwahaniaethau'** (e.e. roedd Keir Hardie a Lloyd George yn wleidyddion yng Nghymru rhwng 1900-1910, ond roedd Keir Hardie yn AS Llafur yn ne-ddwyrain Cymru, a Lloyd George yn AS Rhyddfrydol yng ngogledd-orllewin Cymru).

v) Pa mor arwyddocaol oedden nhw? Paratowch 'lein ddillad' gyda'r geiriau **'Arwyddocaol Iawn'** ar un pen ac **'Anarwyddocaol'** ar y llall. Dangoswch eich bod yn weithiwr grŵp da a phenderfynwch fel grŵp ble rydych am 'hongian' eich pobl enwog ar y lein.

Anarwyddocaol   **Arwyddocaol iawn**

How Green Was My Valley

Ddylen ni gymryd nofelau a ffilmiau hanesyddol o ddifrif?

Cyhoeddwyd y nofel *How Green Was My Valley* gyntaf yn 1939. Mae wedi ei hailargraffu sawl tro, ei chyfieithu i dair iaith ar ddeg, ac mae bellach yn cael ei rhestru fel un o'r Penguin Modern Classics.

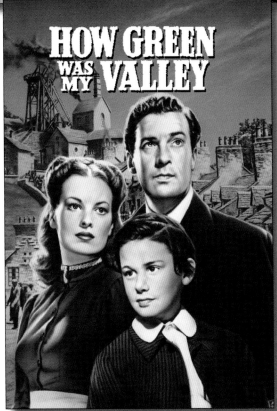

Clawr CD

Cafodd ffilm Hollywood o'r nofel ei gwneud yn 1941.

Tasg

Astudiwch gloriau'r llyfrau, clawr y CD a'r posteri yn ofalus. Ysgrifennwch **grynodeb** o'r hyn feddyliwch chi sydd yn y ffilm.

crynodeb – adroddiad byr

Y Darlun Mawr

Bydd y bennod hon yn eich helpu i:

- Feddwl am yr hyn sy'n gwneud nofel neu ffilm hanesyddol dda;
- Deall pam mae rhai deongliadau o'r gorffennol yn boblogaidd ac yn barhaol;
- Dysgu am gymunedau glofaol De Cymru ar droad yr ugeinfed ganrif.

Beth all nofel ei ddweud wrthym am y syniadau oedd yn cael eu trafod yng nghymunedau glofaol De Cymru ar ddechrau'r ugeinfed ganrif?

Weithiau rydyn ni'n darllen pethau sy'n newydd i ni. Wedyn rydyn ni'n ffurfio cwestiynau ac yn meddwl yn galed er mwyn ceisio cofio rhywbeth a allai ein helpu i ateb y cwestiynau. Dyma ddetholiad o'r nofel *How Green Was My Valley*, ac mae'r nodiadau ar yr ochr dde yn cynrychioli'r cwestiynau aeth drwy fy meddwl wrth i mi ei ddarllen. Gweithiwch gyda phartner i weld a ellwch chi awgrymu atebion i'r cwestiynau. Efallai y byddwch am ofyn set arall o gwestiynau.

'Roedden nhw i gyd yn siarad am yr Undebau pan ddes i i mewn, ac roedd Mr Evans yn edrych yn ddu iawn wir.

"Dw i'n talu'n dda i fy nynion," meddai. "Ma nhw'n cael y cyflogau gorau yn y cymoedd i gyd gen i, ac wedi cael erioed."

"Ond dim ond pwll bychan ydy'ch pwll chi," meddai Mr Gruffydd, "ac ma'r gweddill ohonyn nhw'n meddwl yn wahanol iawn i chi. Ac ma nhw'n talu'n wahanol hefyd. Dyna'r drwg. Rych chi'n rheoli eich pwll eich hun. Ond ma rhai eraill yn cael eu rheoli gan weision cyflogedig, gyda pherchenogion sydd â diddordeb yn yr elw yn unig. Lordiaid cyfoethog, diog a chyfranddalwyr barus ydy'n gelynion ni."

"A dynion canol," meddai Davy.

"Ma Keir Hardie yn dweud y dyle'r pyllau fod yn eiddo'r bobl," meddai Ianto. "Fel Swyddfa'r Post."

"Ma Hyndman yn dweud y dyle'r tir i gyd fod yn eiddo'r bobl," meddai Davy, "a dw i'n cytuno ag e."

"Mae Marx wastad wedi dweud hynny," meddai Owen.

"Dydw i ddim o blaid unrhyw beth sydd wedi'i godi gan griw o hen bobl ddieithr," meddai fy nhad. "Dwedodd Owain Glyndŵr bopeth sydd angen ei ddweud am y wlad yma ganoedd o flynyddoedd yn ôl. Cymru i'r Cymry. Mwy ohono fe a llai o Mr Marx os gwelwch yn dda."

"Dylai pobl pob gwlad fod yn berchen ar eu gwlad eu hunain," meddai Mr Gruffydd. "Cafodd y byd ei greu ar gyfer Dynoliaeth, dim rhai o'r ddynoliaeth."

"Ma'n dda bod rhai ohonon ni wedi gwneud rhywbeth â'r hynny o dir sydd gyda ni, beth bynnag," meddai Mr Evans, yn sur o hyd. "Yn yr unigolyn mae menter i'w chael, dim yn y dorf."

"Yna gadewch i unigolion mentrus dalu rhent i'r dorf," meddai Mr Gruffydd, "ac yna mi fydd y dorf yn llawer gwell ei byd. Arian sy'n galluogi dynion i ddod allan o'r dorf trwy addysg, a phrynu llyfrau, ac ysgolion. Pan fydd y dorf wedi'i haddysgu'n iawn, bydd yn llai o dorf ac yn fwy o gorff o ddinasyddion parchus, hunanddisgybledig a hunangreadigol."

"Ryn ni wedi dod oddi ar yr Undebau 'nawr, yn go iawn," meddai Mr Evans.

"Dim ond rhan o gyfanwaith ydy'r Undebau," meddai Mr Gruffydd. "Gadewch i'r Undebau ddod yn beiriannau er mwyn i'r gweithwyr allu unioni eu camau. Dim yn gymdeithasau budd-dal, neu'n glybiau claddu. Gadewch i'r Undebau ddod yn gatrodau sifil i ymladd achos y bobl."'

addasiad o rannau o dud. 150-1 yn *How Green Was My Valley* gan Richard Llewellyn

---

Nodiadau (ochr dde):

O ble mae cyflogau'n dod? Pwy oedd yn penderfynu ar gyflogau? Beth ydy cyfranddalwyr?

Ydy Keir Hardie, Hyndman, Marx a Glyndŵr yn bobl go iawn neu'n gymeriadau yn y nofel?

Beth ydy menter?

Beth mae Mr Gruffydd yn ei olygu gyda hyn?

Beth ydy cymdeithasau budd-dal a chlybiau claddu yn eich barn chi?

"Roedd y cwmnïau glo'n hael tuag at eu cyfranddalwyr; rhoddodd yr Ocean (cwmni David Davies, Llandinam), fonws o 50 y cant yn 1911, a rhwng 1910 a 1914 talodd Powell Duffryn **fuddran** flynyddol o 20 y cant. Ar yr un pryd, erydai incwm y dosbarth gweithiol wrth i chwyddiant daro'r economi; bu gostyngiad o 25 y cant yng ngwerth real cyflogau'r glowyr rhwng 1901 a 1912. "

rhan o dud. 471 yn *Hanes Cymru* gan John Davies

buddran – rhan o elw'r cwmni

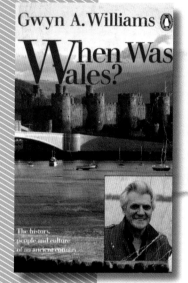

"(Erbyn 1898) … ar bob lefel yn Ne Cymru, y **gyfrinfa**, y capel, y teulu, y clwb, y Cymro cynhenid a'r mewnfudwr, roedd yna wrthdaro. Roedd pobl yn torri i ffwrdd oddi wrth yr hen drefn. (Arweiniodd hyn at) wyth mlynedd ar hugain o ymdrechu a oedd bron â bod yn barhaus. Ymysg y glowyr, roedd arweinwyr yn cael eu disodli o hyd ac o hyd gan ddynion newydd a syniadau newydd wrth i'r gwrthdaro gynyddu – 'Symudwch ymlaen neu symudwch allan'."

addasiad o ran o dud. 243 yn *When Was Wales?* gan Gwyn A. Williams

cyfrinfa – man cyfarfod undebau llafur neu seiri rhyddion

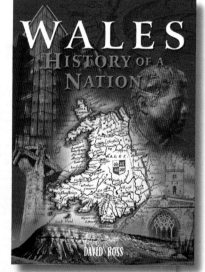

"Llafur rhad oedd wedi gwneud y ffyniant yng ngwaith glo Cymru yn bosibl. Roedd yna ddigonedd o recriwtiaid er gwaethaf yr amodau gwaith erchyll a'r damweiniau aml. Daeth pobl o gefn gwlad Cymru yn ogystal ag Iwerddon, Lloegr, Sbaen a'r Eidal … roedd cyflog glöwr yn llawer mwy, ac yn fwy dibynadwy o ran cael ei dalu, na'i gyflog cyn hynny.

Yng Nghymru, ac yn arbennig yn Ne Cymru, roedd y bwlch rhwng y cyfoethog a'r tlawd yn ehangach nag yn Lloegr ddiwydiannol. Roedd yn ardal o dwf diwydiannol enfawr, lle roedd elw mawr yn cael ei wneud. Beth ddigwyddodd i'r elw? Adeiladwyd cestyll, plastai a pharciau wedi'u cynllunio gan berchenogion y gweithfeydd glo a dur. Ailfuddsoddwyd peth o'r elw mewn peiriannau a phyllau newydd. Aeth symiau enfawr allan o Gymru i mewn i'r system fancio a … marchnadoedd arian Llundain. Buddsoddodd entrepreneuriaid Cymru mewn diwydiannau glo a dur y tu allan i Gymru. Arian Cymru ac arbenigedd Cymru a hyrwyddodd dwf Bilbao fel canolfan ddiwydiannol yng Ngwlad y Basg. Buon nhw hefyd yn gyfrifol am helpu i ddatblygu'r rhwydwaith rheilffyrdd yn Ariannin … Roedd dyngarwyr … yn cefnogi achosion fel y coleg yn Aberystwyth ac achosion da eraill, o barciau cyhoeddus … i gafnau ceffylau ar gorneli strydoedd."

addasiad o rannau o dud. 207-208 yn *Wales: History of a Nation* gan David Ross

Sut fyddech chi'n disgwyl i'r ffilm edrych?

Mae gwneuthurwyr ffilmiau yn cyflogi ymchwilwyr lleoliad, adeiladwyr setiau a dylunwyr gwisgoedd er mwyn cyfleu 'synnwyr o le'. Roedd 20th Century Fox wedi bwriadu ffilmio'r ffilm *How Green Was My Valley* ar leoliad yng Nghymru, ond roedd Ewrop yng nghanol yr Ail Ryfel Byd yn 1940. Adeiladwyd pentref, siafft a phwll glo a oedd yn gweithio ar ransh yn Malibu, California.

Dyma gasgliad o ddyfyniadau o'r nofel *How Green Was My Valley*. Defnyddiwch y wefan *Casglu'r Tlysau* neu unrhyw adnoddau eraill i ddod o hyd i ddelweddau a fyddai'n gymorth i gwmni ffilmiau yn ei waith ymchwil. Cafodd y nofel ei gosod yn Ne Cymru ar droad yr ugeinfed ganrif.

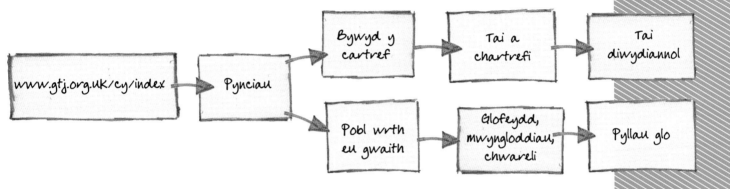

> "Roedd fy mam yn cadw'r arian i gyd yn y blwch tun ar silff ben tân y gegin. Bob nos Sadwrn am flynyddoedd, roedd yn rhoi ei swp bach o sofrenni i mewn gyda'r lleill ..." (tud.11)

> "Roedd y ddwy res o fythynnod oedd yn ymlusgo i fyny ochr y mynydd fel nadroedd carreg trist yn edrych fel pe baen nhw am godi i fyny a phoeri cerrig mor llwyd â nhw eu hunain. Fyddech chi byth yn meddwl bod tanau cynnes a bwyd da yn dod ohonyn nhw gan mor farw ac anhapus oedden nhw'n edrych.
>
> Roedd ein cwm yn duo, ac roedd y domen slag wedi tyfu cymaint nes ei bod hanner y ffordd i lawr i'n tŷ ni." (tud.48)

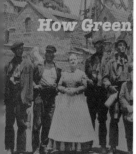

1900–1910

"Dyma ni'n cropian i fyny'r twnnel bychan yma, oedd yn ddu fel y fagddu, gyda'n pennau bron â chyffwrdd ein pennau gliniau, ac yna mi stopiodd Ivor, a thaflu ei gaib i lawr.

"Reit," meddai, gyda'i lais yn dod fel rhuad yn y tywyllwch. "Goleuwch eich canhwyllau, ac mi ddangosa i chi be sy nesa … 'Nawr te … mi fydda i yn torri'r glo, a byddwch chi'n gwthio'r lympiau i lawr y cafn llithro. Yna, ewch i lawr a llwytho'r cyfan sy i lawr yno i mewn i 'nhram i …" (tud.338)

C

Ydy ffilm yn gallu ein helpu i ddeall y syniadau oedd yn cael eu trafod yng nghymoedd glo De Cymru ar ddechrau'r ugeinfed ganrif?

C

Gwyliwch ran o ffilm John Ford, *How Green was My Valley*, ac atebwch y cwestiynau isod.

1. Pa fath o ffilm ydy hi? Ydy hi'n cynrychioli genre arbennig, e.e. ffilm gowbois, ffilm gyffrous, ffilm ddogfen?

2. Beth mae hi'n ei ddweud wrthym? Oes yna neges amlwg ac oes yna neges sydd heb fod mor amlwg?

3. Pam gafodd y ffilm ei gwneud?
   Ydy hi'n dweud unrhyw beth wrthym am y bobl wnaeth y ffilm?

4. Pwy fyddai wedi mynd i'r sinema i'w gwylio?
   Pam fyddai'r ffilm wedi apelio atyn nhw?

5. Sut gafodd y ffilm ei gwneud? Beth wnaeth y cyfarwyddwr er mwyn creu effeithiau penodol? Meddyliwch am:
   i)   y goleuo
   ii)   y defnydd o liw
   iii)   sut mae wedi gosod trefn ar y golygfeydd
   iv)   sut mae wedi dewis beth ddylai fod ymhob ffrâm.

6. Dyma farn yr hanesydd Dai Smith am y ffilm:
   "Yn syml, mae'n cyflwyno'r ddelwedd fwyaf adnabyddus o Gymru yn y byd."
   I ba raddau ydych chi'n cytuno â'r safbwynt yma?

Cliwiau:
Byddai cynulleidfaoedd yr UD yn yr 1940au wedi gwybod am y canlynol:
Dirwasgiad economaidd (neu ddiweithdra)
Gwerthoedd Cristnogol
Ysbryd arloesol (neu deuluoedd oedd yn barod i weithio gyda'i gilydd a bod y cyntaf i fentro i fannau newydd).

Edrych am gysylltiadau

Pobl go iawn!

Pwy oedd Keir Hardie a Karl Marx? Defnyddiwch eich sgiliau ymchwilio ac ysgrifennwch dri phwynt bwled yr un i egluro pam eu bod yn enwog.

Keir Hardie

-
-
-

Karl Marx

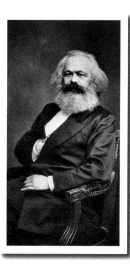

-
-
-

Cafodd llawer o byllau glo eu cau yn ystod yr 1980au a'r 1990au. Yn 1994, roedd Glofa'r Tŵr yn Hirwaun, De Cymru ar fin cau. Protestiodd yr AS Llafur lleol, Ann Clwyd, drwy aros o dan ddaear am 27 awr. Ond ni lwyddodd protestwyr i ddymchwel penderfyniad Corfforaeth Glo Prydain.

Yna, gyda'u harweinydd Tyrone O'Sullivan, aeth 240 o lowyr ati i brynu Glofa'r Tŵr ar eu cyfer eu hunain gyda'u tâl colli gwaith. Buon nhw'n gweithio'n galed ac roedd y pwll yn gwneud elw yn fuan iawn. Erbyn dechrau'r unfed ganrif ar hugain, Glofa'r Tŵr oedd pwll glo olaf Cymru.

Yn 2004, gwahoddwyd Tyrone O'Sullivan gan y BBC i wneud ffilm fer am ei hoff lyfr. Dewisodd *How Green Was My Valley*.

14

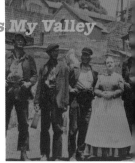

Edrych am gysylltiadau

Pobl go iawn!

Pam ddewisodd Tyrone O'Sullivan *How Green Was My Valley* fel ei hoff lyfr?

Tasgau

Edrychwch eto ar y cwestiwn allweddol sydd wedi bod yn ganolbwynt yr ymholiad hwn:

How Green Was My Valley

Ddylen ni gymryd nofelau a ffilmiau hanesyddol o ddifrif?

Gan weithio gyda phartner, gwnewch restr o bwyntiau bwled i ddangos y manteision a'r anfanteision o ddefnyddio nofelau a ffilmiau hanesyddol mewn gwersi hanes.

Gall nofelau a ffilmiau hanesyddol fod yn ddefnyddiol oherwydd ...	Fodd bynnag ...

Ellwch chi ychwanegu teitlau eraill at y rhestr hon o ffilmiau a nofelau sy'n darlunio digwyddiad neu gyfnod hanesyddol?

	Pobl Gynnar (cyn 1000)	Yr Oesoedd Canol	Y Cyfnod Modern Cynnar	Yr Oes Ddiwydiannol	Yr Ugeinfed Ganrif
Ffilmiau	*Gladiator*	*Robin Hood, Prince of Thieves*	*Elizabeth*	*Master and Commander*	*Pearl Harbour*
Nofelau	*Asterix in Britain* (René Goscinny)	*The Seeing Stone* (Kevin Crossley-Holland)	*Witch* (Celia Rees)	*Oliver Twist* (Charles Dickens)	*Goodnight Mr Tom* (Michelle Magorian)

Rhyfel y Boer 1899 - 1902

Beth all hanesion pobl ei ddweud wrthym am Ryfel y Boer?

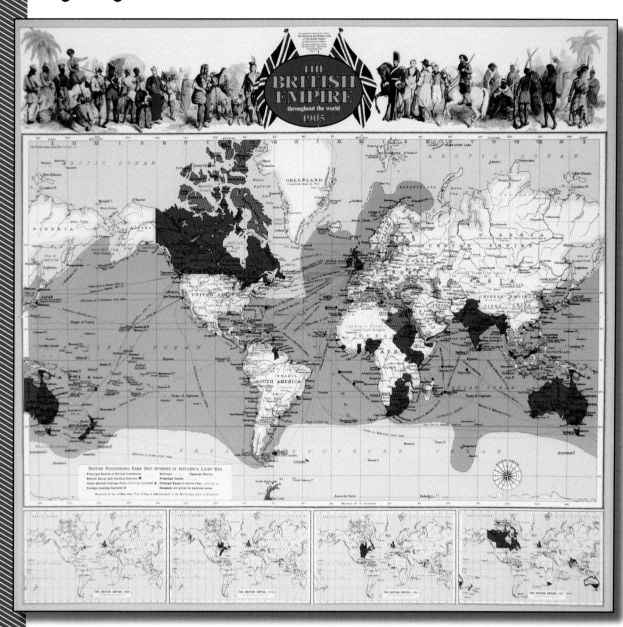

C

Byddai disgyblion yn 1905 wedi gweld y map hwn yn eu hatlas ysgol. Beth mae'r map yn ei ddweud wrthym am Brydain yn 1905?

Y Darlun Mawr

Bydd y bennod hon yn eich helpu i:
- Adnabod y tiroedd roedd Prydain yn eu rheoli ar ddechrau'r ugeinfed ganrif;
- Egluro pam roedd milwyr Prydeinig yn ymladd yn Ne Affrica yn 1900;
- Disgrifio'r rôl a chwaraewyd gan ferched yn ystod Rhyfel y Boer;
- Gwneud cysylltiadau rhwng y gorffennol a'r presennol.

Trefedigaethau ac ymerodraethau

Ar ddiwedd y bymthegfed ganrif, dechreuodd pobl Ewrop fforio yng ngwledydd eraill y byd. Aethon nhw ati i hawlio tiroedd newydd a'u rheoli fel **trefedigaethau**. Erbyn 1900, roedd Ewropeaid yn byw mewn trefedigaethau ledled y byd. Roedd gwledydd yn aml yn barod i ymladd er mwyn gallu rheoli tiroedd ffrwythlon a mwynau gwerthfawr. Roedd y llongau oedd yn cyflenwi a gwarchod y trefedigaethau Prydeinig yn defnyddio glo o Gymru. Mae rhai haneswyr yn credu bod y Prydeinwyr wedi mynd â'u system gyfreithiol, gwyddoniaeth a thechnoleg newydd, a Christnogaeth i'w trefedigaethau. Maen nhw'n dadlau bod y Prydeinwyr wedi sefydlu ysgolion, ysbytai a swyddfeydd a oedd yn helpu pawb.

> **trefedigaethau**: gwledydd neu ardaloedd mae pobl o wlad arall yn dod i fyw ynddyn nhw a'u rheoli

'Roedd cyfanswm y bobl ar ddiwrnod olaf y bedwaredd ganrif ar bymtheg oedd i fod yn deyrngar i'r Frenhines yn tua 390,000,000 o eneidiau, gyda 55 miliwn o'r rhain o'r hil wen Saesneg ei hiaith, 300 miliwn yn frodorion o Asia, 30 miliwn yn frodorion o Affrica, a 5 miliwn o wahanol hilion wedi eu dosbarthu ledled y byd.'

addasiad o tud. 418 yn *Cassell's History of England*, Cyfrol IX, 1903

Mae'r map ar y dudalen nesaf yn dangos y gwledydd oedd yn cystadlu i reoli trefedigaethau tramor ar ddechrau'r ugeinfed ganrif.

1900–1910

IMPERIALAETH YN Y BYD MODERN, 1900

Legend:

YR EIDAL	
YR ISELDIROEDD	
DENMARC	
YN ANNIBYNNOL YN 1900	

U.D.A.	
SBAEN	
JAPAN	
YR ALMAEN	

GWLAD BELG	
PRYDAIN FAWR	
FFRAINC	
PORTUGAL	

Map labels:

CEFNFOR ARCTIG · CEFNFOR ARCTIG

GWLAD YR IÂ · CANADA · U.D.A. · MEXICO

GOGLEDD Y CEFNFOR TAWEL · KOREA · JAPAN · TAIWAN · YNYSOEDD Y PILIPINAS · INDO-CHINA FFRENGIG · SIAM · BYRMA · SINGAPORE · MALAYSIA

CHINA · NEPAL · INDIA · AFGHANISTAN · PERSIA · TIBET

YNYSOEDD Y CEFNFOR TAWEL · INDIA'R DWYRAIN ISELDIRAIDD · GINI GUINEA NEWYDD · AUSTRALIA · SELAND NEWYDD

CEFNFOR INDIA

RUSIA · SWEDEN · DENMARC · PRYDAIN FAWR · YR ISELDIROEDD · FFRANC · YR ALMAEN · AUSTRIA · HWNGARI · YR EIDAL · GWLAD GROEG · ALBANIA · BWLGARIA · SERBIA · ROMANIA · RWMANIA · TWRCI · YMERODRAETH OTOMANAIDD

MOROCO · ALGERIA · TUNISIA · LIBYA · YR AIFFT · ARABIA · AKABIA · ERITREA · SUDAN · EINI-EIFFTAIDD · ETHIOPIA · SOMALIA FFRENGIG · SOMALIA BRYDEINIG · SOMALIA EIDALAIDD

SENEGAL · GAMBIA · GWINÉE FFRENGIG · GUINEA BORTIWGALAIDD · SIERRA LEONE · CÔTE D'IVOIRE · GOLEUEDIN AFFRICA FFRENGIG · TOGO · NIGERIA · CAMEROON · YR GOLEUEDIN · AFFRICA GYMHWYDOL FFRENGIG

UGANDA · DE-ORLLEWIN AFFRICA ALMAENIG · CONGO BELGAIDD · GWLAD NAFSA · ANGOLA · RHODESIA · MOZAMBIQUE · GWLAD SWAZI · MADAGASKAR · BECHUANALAND · DE AFFRICA

DE-DDWYRAIN AFFRICA ALMAENIG

CEFNFOR DE IWERYDD

CEFNFOR GOGLEDD IWERYDD

CWBA · JAMAICA · HAITI · HONDURAS BRYDEINIG · GUATEMALA · EL SALVADOR · HONDURAS · NICARAGUA · COSTA RICA · PANAMA · PUERTO RICO · TRINIDAD · VENEZUELA · COLOMBIA · ECUADOR · YNYSOEDD GALAPAGOS · GWYANA BRYDEINIG · GWYANA ISELDIRAIDD · GWYANA FFRENGIG

BRASIL · PERU · BOLIVIA · PARAGWAY · CHILE · YR ARIANNIN · URUGUAY · YNYSOEDD FALKLAND

DER CEFNFOR TAWEL

ANTARCTICA

G ←

De Affrica

Pam oedd yna ryfel yn Ne Affrica rhwng 1899-1902?

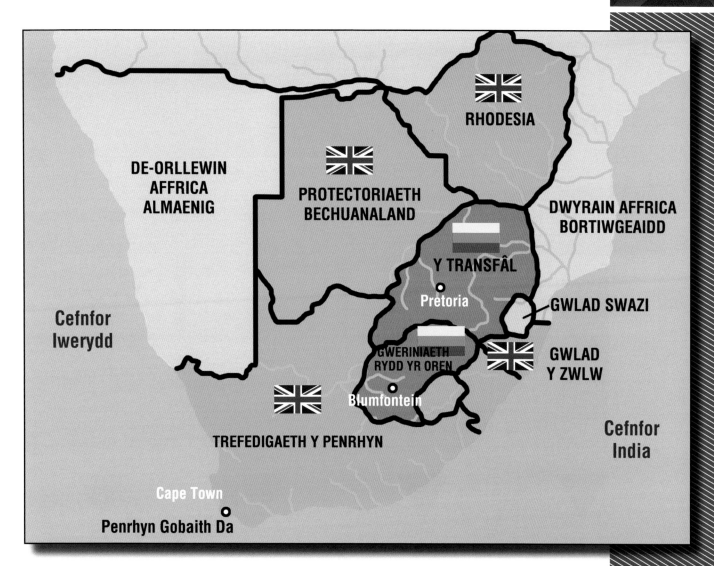

Tasgau

Pam mae rhyfeloedd yn digwydd?

Weithiau, mae diagramau yn gallu ein helpu i ddeall hanesion cymhleth. Defnyddiwch y cardiau ar dudalen 21 i'ch helpu i gwblhau'r diagram isod. Mae rhai o'r bocsys wedi'u llenwi i'ch rhoi ar ben y ffordd.

Rhyfel y Boer

▼

Pwy oedd yn ymladd yn Ne Affrica rhwng 1899-1902?

Efallai y bydd dosbarthu'r cardiau ar dudalen 21 yn grwpiau yn eich helpu i ateb y cwestiwn.

Affricanwyr brodorol			Almaenwyr

Pam oedd pobl yn ymladd yn Ne Affrica rhwng 1899-1902?

Efallai y bydd dosbarthu'r cardiau ar dudalen 21 yn grwpiau yn eich helpu i ateb y cwestiwn.

▼ ▼ ▼ ▼

I amddiffyn tiroedd eu hynafiaid.		I elwa ar fwynau fel aur a diemwntau.	

Roedd cyfaneddwyr Iseldiraidd cynnar, a elwid y Boeriaid, wedi sefydlu ffermydd ar Benrhyn Affrica erbyn ail hanner yr ail ganrif ar bymtheg.	Prynodd Prydain Drefedigaeth y Penrhyn gan lywodraeth yr Iseldiroedd yn 1814.	Ar y cyfan, roedd ffermydd y Boeriaid yn cael eu rhedeg gan lafur caethweision.
Cafodd caethwasiaeth ei ddileu yn y trefedigaethau Prydeinig yn 1833.	Gadawodd y Boeriaid y Penrhyn ar ôl 1836 a ffurfio dwy wladwriaeth newydd, annibynnol – Gwladwriaeth Rydd yr Oren a'r Transfâl.	Cipiodd Prydain reolaeth ar y Transfâl yn 1877 er mwyn amddiffyn ei thiroedd rhag y Zwlws. Bu'n rhaid i'r Boeriaid ymladd i adennill eu hannibyniaeth yn y Transfâl.
Ymfudodd nifer o Brydeinwyr i'r Transfâl yn 1886 yn y rhuthr am aur.	Gelwid y tramorwyr oedd wedi symud i'r Transfâl i gloddio am aur yn *Uitlanders* (estroniaid) gan y Boeriaid. Fe gafodd yr *Uitlanders* eu trethu'n drwm gan y Boeriaid.	Credai'r *Uitlanders* y dylen nhw fod â'r hawl i bleidleisio os oedden nhw'n talu trethi i lywodraeth y Boer.
Roedd Sais ifanc o'r enw Cecil Rhodes wedi gwneud ei ffortiwn yng nghloddfeydd diemwnt Kimberley, ychydig y tu allan i ffin orllewinol Gwladwriaeth Rydd yr Oren.	Daeth Cecil Rhodes yn Brif Weinidog y Penrhyn yn 1890. Roedd arno eisiau i Dde Affrica fod yn gwbl Brydeinig ac roedd am gael rheilffordd gwbl Brydeinig yn rhedeg o ogledd i dde cyfandir Affrica.	Yn 1895, cefnogodd Cecil Rhodes Dr Jameson yn ei ymdrechion i arwain gwrthryfel gan yr *Uitlanders* yn y Transfâl. Methodd y cynllun.
Llongyfarchwyd Paul Kruger, Llywydd y Transfâl, gan Kaiser William II yr Almaen am amddiffyn annibyniaeth ei wlad yng nghyrch Jameson yn 1895.	Defnyddiodd Paul Kruger y trethi a godwyd ar yr *Uitlanders* i brynu gynnau ac arfau rhyfel. Gofynnodd i swyddogion magnelaeth yr Almaen hyfforddi ei ddynion.	Ym mis Medi 1899, cyhoeddodd Boeriaid Gwladwriaeth Rydd yr Oren y bydden nhw'n cefnogi Boeriaid y Transfâl i ymladd yn erbyn Prydain.

Rhyfel y Boer

Roedd y Boeriaid yn hyderus y bydden nhw'n gallu adennill y Transfâl oddi wrth Brydain. Roedden nhw'n adnabod y tir yn dda. Byddai'r glaswellt hir oedd yn tyfu ar y **glaswelltir** ym mis Hydref yn rhoi'r gorchudd angenrheidiol iddyn nhw ar gyfer ymladd y rhyfel. Y cyfan oedd arnyn nhw ei angen oedd ceffylau da, reifflau ac arfau rhyfel.

Roedd y Boeriaid yn llwyddiannus yn ystod camau cyntaf y rhyfel ac wedi amgylchynu trefi Prydeinig allweddol. Yn 1900, daeth mwy o filwyr Prydeinig i Dde Affrica a chipio rheolaeth ar drefi pwysig yng Ngwladwriaeth Rydd yr Oren a'r Transfâl. Roedd y Boeriaid yn defnyddio **tactegau**

gerila i rwystro Prydain rhag ennill mwy o dir – doedden nhw ddim yn gwisgo lifrai, ac roedden nhw'n defnyddio ffermdai ledled y wlad i roi lloches i ddynion, ceffylau ac adnoddau. Ymateb y Prydeinwyr oedd llosgi'r ffermydd. Fe wnaethon nhw orfodi merched, plant a hen bobl i fynd i wersylloedd crynhoi.

Arwyddwyd y cytundeb heddwch yn y diwedd yn 1902. O hynny ymlaen, doedd y Transfâl na Gwladwriaeth Rydd yr Oren ddim yn weriniaethau Boeraidd. Derbyniodd y Boeriaid £3 miliwn gan y Prydeinwyr ar gyfer ailstocio ac atgyweirio eu ffermydd. Cawson nhw'r hawl i hunanlywodraeth yn y diwedd yn 1907.

---

glaswelltir: tir agored sydd heb ei drin
gweriniaeth: gwladwriaeth lle mae'r grym yn nwylo'r bobl neu gynrychiolwyr mae'r bobl wedi eu hethol
gwersyll crynhoi: gwersyll i ddal carcharorion gwleidyddol
tactegau gerila: ymladd afreolaidd gan grwpiau bychain annibynnol

---

Beth all hanesion pobl ei ddweud wrthym am Ryfel y Boer?

Yn yr ymholiad hwn, byddwch yn dod i wybod am hanes tair gwraig a deithiodd i Dde Affrica yn ystod Rhyfel y Boer. Byddwch yn astudio tystiolaeth amdanyn nhw ac yna bydd angen i chi feddwl am bethau rydych chi'n **gwybod** yn bendant amdanyn nhw a phethau y bydd angen i chi **ddod i gasgliad** amdanyn nhw.

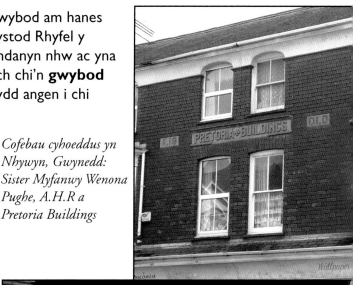

Cofebau cyhoeddus yn Nhywyn, Gwynedd: Sister Myfanwy Wenona Pughe, A.H.R a Pretoria Buildings

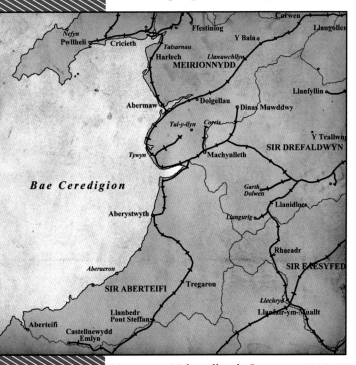

Tywyn yng Nghanolbarth Cymru yn 1900-1910

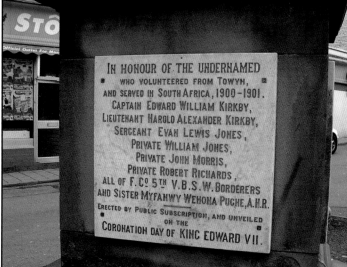

C

Beth mae'r cofebau yn nhref Sister Pughe yn ei ddweud wrthym am Ryfel y Boer?

Llyfr lloffion personol: Nyrs Alicia Williams

Defnyddiwch wefan i'ch helpu chi (neu efallai y gall eich athro/athrawes roi copïau o'r ffynonellau i chi).

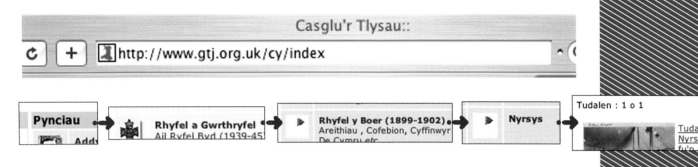

C

Beth mae llyfr lloffion Alicia Williams yn ei ddweud wrthym am Ryfel y Boer?

Pa mor ddefnyddiol ydy adroddiad Emily Hobhouse i hanesydd sy'n astudio Rhyfel y Boer?

Roedd Emily Hobhouse wedi byw bywyd cyffredin. Cafodd ei haddysgu gartref a bu'n byw gyda'i rhieni nes ei bod yn 35 oed. Cafodd ei hannog gan ei brawd i gymryd diddordeb mewn diwygio gwleidyddol a gwaith cymdeithasol. Siaradodd yn erbyn Rhyfel y Boer mewn cyfarfodydd cyhoeddus. Ym mis Hydref 1900, sefydlodd gronfa gymorth ar gyfer merched a phlant yn Ne Affrica. Doedd dim llawer o bobl yn fodlon ei helpu ond cafodd gefnogaeth y Crynwyr. Yn Rhagfyr 1900, teithiodd i Dde Affrica er mwyn ymweld â'r gwersylloedd crynhoi. Ysgrifennodd adroddiad ar yr hyn a welodd.

Emily Hobhouse

Mae yna dref o'r enw Hobhouse yn Ne Affrica heddiw

Adroddiad Emily Hobhouse a gyhoeddwyd yn 1901

Roedd wyth, deg neu ddeuddeg o bobl (Boeriaid) yn byw yn y babell gloch …
er mwyn llochesu rhag gwres yr haul, y llwch neu'r glaw. Doedd dim lle i symud
ac roedd yr aer yn y babell y tu hwnt i ddisgrifiad, er bod y fflapiau wedi'u rholio
i fyny yn iawn a'u clymu. Doedd dim sebon ar gael. Doedd dim digon o ddŵr
ar gael. Roedd hi'n amhosibl prynu gwely neu fatres. Roedd tanwydd yn brin ac
roedd yn rhaid ei gasglu o'r llwyni glas ar lethrau'r **kopjes**. Roedd y dognau bwyd
yn **annigonol** iawn. Roedd yr hyn oedd yn cael ei roi yn llai na'r hyn oedd yn
cael ei ragnodi, roedd yn golygu newyn.

Adroddiad ar Wersyll Crynhoi Bloemfontein (Ionawr 1901)

Mae Mafeking ei hun yn teimlo fel pen draw eithaf y byd, ac mae'r gwersyll
yn teimlo fel pe baen ni wedi teithio 6 milltir i'r gofod. Mae yma 800 neu 900
o bobl … Roedd … pobl y gwersyll yn synnu'n fawr o glywed bod gwragedd
Lloegr yn pryderu … amdanyn nhw … Mae wedi gwneud lles mawr iddyn nhw
glywed bod yna wir gydymdeimlad yn cael ei deimlo tuag atyn nhw gartre, ac
felly dw i'n falch iawn mod i wedi gallu dod yma.

Adroddiad ar Mafeking (Ebrill 12)

Does dim amheuaeth y gellid gwella llawer ar y diffyg cysur cyffredinol trwy
roi sylw i'r pwyntiau a grybwyllwyd, ond dylid deall yn eglur eu bod yn cael eu
hawgrymu dim ond er mwyn gwella pethau. Y prif beth ydy gadael iddyn nhw
fynd yn rhydd …

Argymhellion (Mehefin 1901)

Hoffwn ychwanegu un argymhelliad arall sy'n bwysig iawn yn fy marn i, ac a
gafodd ei adael allan, yn anffodus, o'r rhai a anfonwyd at Mr Brodrick … mae'r
Caffiriaid yn dechrau bod yn hy 'rŵan eu bod yn gweld y merched gwynion yn
cael eu cywilyddio. Bydd pob gofal yn cael ei gymryd i sicrhau nad ydyn nhw'n
cael eu gosod mewn awdurdod.

Argymhellion (Mehefin 1901)

---

annigonol: gwael, dim digon
Caffiriaid: enw anghwrtais ar bobl gynhenid De Affrica
kopjes: bryniau isel

C

1. Beth mae adroddiad Emily Hobhouse yn ei ddweud wrthym amdani hi ei hun?
2. Beth mae ei hadroddiad yn ei ddweud wrthym am Ryfel y Boer?
3. Pa mor ddefnyddiol ydy adroddiad Emily Hobhouse ar gyfer hanesydd sy'n astudio Rhyfel y Boer?

Edrych am gysylltiadau!

Mae'r tasgau hyn yn rhoi cyfle i chi ddangos eich bod yn gallu gweithio'n annibynnol.

Gollwng enwau!

Chwaraeodd y bobl hyn ran yn Rhyfel y Boer ond maen nhw'n fwy enwog am chwarae rhan mewn digwyddiadau allweddol eraill.

Beth aethon nhw ymlaen i'w wneud ar ôl Rhyfel y Boer?

Enw	Pa ran chwaraeodd yn ystod Rhyfel y Boer?	Pam mae'n enwog?
Winston Churchill	Roedd yn ohebydd i'r *Morning Post* yn ystod Rhyfel y Boer a chafodd ei ddal gan y Boeriaid.	
Yr Arglwydd Kitchener	Cafodd ei anfon i Cape Town yn 1900 fel Pennaeth Staff. Defnyddiodd bolisi ymddiffeithio i glirio'r wlad o unrhyw Foeriaid a fyddai'n debygol o wrthsefyll rheolaeth y Prydeinwyr.	
Cyrnol Baden-Powell	Cafodd ef a grŵp bychan o filwyr Prydeinig eu hamgylchynu gan y Boeriaid yn Mafeking. Llwyddon nhw i amddiffyn y dref am 217 diwrnod cyn cael eu rhyddhau gan fwy o filwyr Prydeinig.	
David Lloyd George AS	Yn 1901, traddododd araith yn erbyn y rhyfel mewn cyfarfod cyhoeddus yn Birmingham. Trodd y dyrfa yn ei erbyn a bu'n rhaid iddo wisgo fel plismon er mwyn dianc.	

Gêmau'r Gymanwlad

C

1. Pa wledydd sy'n cystadlu yng Ngêmau'r Gymanwlad?
2. Pam mae'r gwledydd hyn yn gymwys ar gyfer Gêmau'r Gymanwlad?
3. Beth ydy'r gwahaniaeth rhwng Gêmau'r Gymanwlad a'r Gêmau Olympaidd?
4. Mae rhai pobl yn dadlau y dylai Cymru gael ei chynrychioli yn y Gêmau Olympaidd. Beth ydy eich barn chi?

cymwys: addas

2002
Manchester®
THE XVII COMMONWEALTH GAMES

Tasg

Edrychwch eto ar y cwestiwn allweddol sydd wedi bod yn ganolbwynt yr ymholiad hwn:

Beth all hanesion pobl ei ddweud wrthym am Ryfel y Boer?

Copïwch a chwblhewch y map meddwl hwn i ddangos beth rydych wedi'i ddysgu o hanesion pobl am Ryfel y Boer.

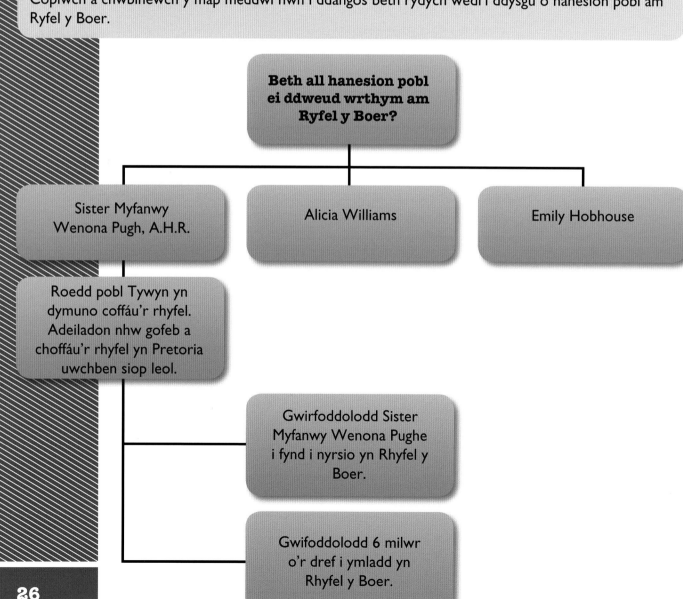

Beth all hanesion pobl ei ddweud wrthym am Ryfel y Boer?

Sister Myfanwy Wenona Pugh, A.H.R.

Alicia Williams

Emily Hobhouse

Roedd pobl Tywyn yn dymuno coffáu'r rhyfel. Adeiladon nhw gofeb a choffáu'r rhyfel yn Pretoria uwchben siop leol.

Gwirfoddolodd Sister Myfanwy Wenona Pughe i fynd i nyrsio yn Rhyfel y Boer.

Gwifoddolodd 6 milwr o'r dref i ymladd yn Rhyfel y Boer.

Pam mae pobl yn amheus o dramorwyr?
Gwrthryfel y Bocswyr 1900

C

1. Beth ydy 'tramorwr'?
2. Ydych chi wedi bod yn 'dramorwr' erioed?
3. Oes yna 'dramorwyr' yng Nghymru heddiw?
4. Sut ydych chi'n teimlo wrth ddarllen y slogan uchod?

Y Darlun Mawr

Bydd y bennod hon yn eich helpu i:
• Feddwl **pam** mae pobl yn aml yn amheus o 'dramorwyr';
• Deall pam roedd yna ddynion a merched o Gymru yn Peking yn 1900;
• Dysgu am hanes China ar drothwy'r ugeinfed ganrif.

Sut le oedd China yn 1900?

C

1. Beth mae'r cartwnydd yn ei ddweud wrthym am China ar ddiwedd y bedwaredd ganrif ar bymtheg?
2. Beth mae'r cartwnydd yn ei ddweud wrthym amdano ef ei hun?

Roedd gwledydd y gorllewin yn awyddus i ennill rheolaeth ar diroedd yn China. Aeth cwmnïau tramor ati i adeiladu rheilffyrdd, pyllau glo a warysau. Roedden nhw'n llunio 'cytundebau anghyfartal' oedd yn golygu bod China yn colli rheolaeth ar nifer o afonydd mordwyol a'r hawl i gasglu tollau ar fewnforion ac allforion. Yn y bedwaredd ganrif ar bymtheg, roedd Prydain yn cyfnewid opiwm am de, sidan, porslen a nwyddau eraill o China, gan eu gwerthu i gwsmeriaid yn Ewrop ac UDA. Adeiladodd masnachwyr a swyddogion tramor a'u teuluoedd anheddau mewn porthladdoedd fel Shanghai a Peking. Yno, roedden nhw'n cael eu gwarchod gan warchodlu arfog a doedden nhw ddim yn ufuddhau i'r gyfraith Chineaidd. Yn 1900, roedd yna 672 o gwmnïau tramor yn China, gyda mwy na'u hanner yn Brydeinwyr.

Dyma lun o'r Ymerodres Tz'u-hsi. Roedd hi'n 65 oed yn 1900. Am bron ddeugain mlynedd, fel **cydweddog** i'w gŵr, ei mab a'i nai, roedd hi wedi dylanwadu ar y ffordd roedd China'n cael ei rheoli.

C Fyddai'r Ymerodres Tz'u-hsi wedi cymeradwyo'r llun yma? Rhowch resymau dros eich ateb.

Roedd ei nai Kuang-hsü yn barod i foderneiddio China, ond roedd hi'n gwrthwynebu ei ymdrechion. Rhoddodd ef yn y carchar. Roedd hi am i China fynd yn ôl i'w hen fywyd eto a chael gwared ar unrhyw berthynas â thramorwyr ac unrhyw ymyrraeth ganddyn nhw.

> **cydweddog** – partner

Pwy oedd y Bocswyr?

Cymdeithas gudd oedd y Fists of Righteous Harmony. Roedd hi'n gwrthwynebu'r tramorwyr oedd â chymaint o ddylanwad yn China. Roedd aelodau'r gymdeithas yn credu bod ganddyn nhw bwerau hud ac roedden nhw'n ymarfer y grefft ymladd. Roedd pobl y Gorllewin yn eu galw'n Focswyr.

Roedd y Bocswyr yn credu na allai bwledi'r tramorwyr wneud niwed iddyn nhw ac y bydden nhw'n gallu gyrru'r tramorwyr o China a dymchwel y llywodraeth Ch'ing. Ond sylweddolodd yr Ymerodres Tz'u-hsi yn fuan iawn y gallai hi ddefnyddio'r Bocswyr i gryfhau ei safle ei hun. Felly gwnaeth gytundeb cyfrinachol â nhw. Byddai'r Bocswyr yn ymladd yn erbyn y tramorwyr ar ei rhan, ac ni fyddai'n gorfod talu iddyn nhw! Yn fuan iawn, ymddangosodd slogan newydd ar faner y Bocswyr, sef 'Cefnogwch y Ch'ing; dinistriwch y tramorwr!'.

Bocsiwr

Tasg

Dyma rai dyfyniadau o'r cyfnod yma yn hanes China. Tanlinellwch y geiriau sy'n cyfleu emosiwn neu farn, ac yna ceisiwch benderfynu a ydyn nhw'n cynrychioli safbwynt y Bocswyr a'u cefnogwyr, neu safbwynt y Gorllewinwyr.

"Am arswydus fyddai ffawd Ewrop pe byddai'r hilion melyn yn eu cannoedd a'u miloedd yn trefnu gorymdaith tua'r gorllewin. Mae y tu hwnt i ddychymyg unrhyw ddyn."

"Y Cristnogion Chineaidd yma ydy'r bobl waethaf yn China. Maen nhw'n lladrata tir ac eiddo oddi ar bobl dlawd cefn gwlad, ac, wrth gwrs, mae'r cenhadon yn eu gwarchod bob tro er mwyn cael siâr eu hunain."

"Cyn gynted ag y bydd dyn yn dod yn Gristion, mae'n peidio â bod yn Chinead mewn gwirionedd."

"Miliynau o wynebau melyn, didrugaredd, estron, Yn eu hamgylchynu â chasineb; Tra bo dewrder taer yn gwarchod y mannau toredig, Y tu allan mae'r poenydwyr yn aros."

"Rydym wedi'n hachub. Cyn belled â bod y Bocswyr ddim ond yn ysbeilio tai'r brodorion ac yn llofruddio'r rhai oedd wedi cael tröedigaeth, doedd y Gweinidogion yn gwneud dim; 'nawr, mae ychydig lathenni o reilffordd wedi'u dinistrio ac mae'n rhaid iddyn nhw weithredu."

"Mae eu pechodau mor niferus â gwallt y pen. Ewyllys y nefoedd ydy bod … y diawliaid estron yn cael eu dienyddio."

"Diawliaid y Gorllewin."

"Gellir adnabod bechgyn Prydain ac America hyd yn oed yn eu lifrai amryliw oherwydd eu hosgo gwrywaidd. Mae'n fy ngwneud i'n falch o'm hil."

"Mae gweddïau Cristnogion fel 'gwich y baedd nefol'".

Pam oedd yna Gristnogion o Gymru yn China ar droad yr ugeinfed ganrif?

Roedd W. Hopkyn Rees (Cwmafan), Albert Henry Bridge (Glyn Rhedynog), Herbert ac Elizabeth Dixon (Llundain, ond roedd Elizabeth Dixon yn dod o Dyddewi) ac William ac Emily Beynon (Nantyffyllon) yn genhadon. Roedden nhw wedi teithio i China ar ddiwedd y bedwaredd ganrif ar bymtheg. Roedd llawer o eglwysi Cristnogol o UDA, yr Almaen, Ffrainc a Phrydain yn adeiladu gorsafoedd cenhadu lle roedden nhw'n cynnig bwyd, cymorth meddygol, storïau Beiblaidd a phregethau i'r Chineaid. Eu bwriad oedd annog y Chineaid i droi at Gristnogaeth, ond roedden nhw'n cael eu cyhuddo'n aml o fod yn ddideimlad tuag at ddiwylliant ac arferion y Chineaid. Amcangyfrifir bod tua 800,000 o Chineaid wedi dod yn Gristnogion erbyn diwedd y bedwaredd ganrif ar bymtheg. Roedden nhw'n aml yn cael eu disgrifio fel 'Cristnogion reis' am fod pobl yn meddwl eu bod wedi troi at Gristnogaeth yn unig er mwyn cael llond eu boliau.

Tasg

Pa gwestiynau eraill sydd raid i mi eu gofyn?

Beth sydd ddim yn cael ei ddweud yn y ffynhonnell hon?

I ba gasgliadau y galla i ddod?
Pa 'ddyfaliadau diogel' alla i eu gwneud?

Beth mae'r ffynhonnell hon yn ei ddweud wrthyf?

Dr a Mrs Timothy Richard mewn gwisgoedd Chineaidd

1900–1910

Beth ddigwyddodd yn ystod Gwrthryfel y Bocswyr?: Stori'r cenhadon

Roedd y Bocswyr yn ymosod ar genhadon o'r Gorllewin ac yn eu llofruddio. Byddai'r gorsafoedd cenhadu yn cael eu hamgylchynu gan dyrfaoedd yn llafarganu ac yna byddai'r cenhadon a'r Chineaid oedd wedi troi at Grist yn cael eu dal gan y tyrfaoedd. Roedd rhai yn cael eu lladd yn y fan a'r lle; roedd eraill yn cael eu cymryd i demlau'r Bocswyr a'u poenydio'n araf i farwolaeth. Llofruddiwyd degau o filoedd o Chineaid – rhai yn Brotestaniaid, eraill yn Gatholigion. Cafodd rhai eu torri'n ddarnau, eraill eu blingo'n fyw, eraill eu rhoi ar dân, ac eraill eu claddu'n fyw.

Roedd W. Hopkyn Rees yng Nghymru adeg Gwrthryfel y Bocswyr, a dihangodd Albert Henry Bridge i Japan. Dienyddiwyd Herbert ac Elizabeth Dixon, ac William ac Emily Beynon a'u tri phlentyn. Mae adroddiad yn *A brief history of the Boxer Rebellion: China's war on foreigners, 1900* gan Diana Preston yn enwi Mr Beynon fel un o'r cenhadon gafodd eu lladd.

Beth yn union ddigwyddodd i'r cenhadon yn Taiyuan?

Dyma adroddiad am y gyflafan a orchmynnwyd gan y Llywodraethwr Yu Hsien yn Taiyuan ar 9 Gorffennaf 1900.

'Y cyntaf i gael ei arwain ymlaen oedd Mr Farthing (Bedyddiwr o Sais). Roedd ei wraig yn dal yn dynn wrtho, ond, yn dyner, symudodd hi i'r naill ochr ac yna aeth o flaen y milwyr. Heb ddweud gair, penliniodd, a thorrwyd ei ben i ffwrdd ag un ergyd gan fwyell y dienyddiwr. Fe'i dilynwyd yn gyflym gan … y Doctoriaid Lovitt a Wilson, a gafodd eu dienyddio ag un ergyd yr un gan y dienyddiwr. Yna dechreuodd Yu Hsien golli amynedd a dywedodd wrth ei warchodlu, oedd yn cludo cleddyfau trymion â charnau hir, am helpu i ladd y gweddill … Wedi gorffen lladd y dynion cymerwyd y gwragedd. Roedd Mrs Farthing yn gafael yn nwylo ei phlant oedd yn dal yn dynn wrthi, ond fe'u gwahanwyd gan y milwyr, a dienyddiwyd eu mam ag un ergyd … Roedd Mrs Lovitt yn gwisgo ei sbectol ac yn gafael yn llaw ei bachgen bach hyd yn oed pan oedd yn cael ei lladd. Dywedodd wrth y bobl, "Daethon ni i gyd i China i ddod â'r newyddion da am iachawdwriaeth yn Iesu Grist i chi, dydyn ni ddim wedi gwneud drwg i chi, dim ond da, felly pam rydych chi yn ein trin fel hyn?"'

Disgrifiad gan un oedd wedi cael tröedigaeth, tyst anfoddog, a ddyfynnir yn
To China with Love: the lives and times of Protestant missionaries in China 1860-1900,
Pat Barr, Secker and Warburg, 1972

Dienyddiwyd 45 o dramorwyr i gyd. Gadawyd eu cyrff lle buon nhw farw, a'r noson honno fe ladratwyd eu dillad, eu modrwyau a'u watshis. Y diwrnod canlynol, gosodwyd rhai o'r pennau mewn cewyll ar wal y ddinas. Cafodd y Llywodraethwr Yu Hsien ei anrhydeddu gan filoedd o bobl mewn parti. Codwyd coflech garreg 'i ogoneddu ei orchest yn clirio'r tramorwyr atgas o'r dalaith'.

C

1. Sut fyddai cenhadwr Cristnogol wedi disgrifio'r digwyddiad a ddisgrifir ar dudalen 32 i aelodau ei eglwys?
2. Sut fyddai aelod o'r Fists of Righteous Harmony (y Bocswyr) wedi disgrifio'r digwyddiad hwn i'w gefnogwyr?

Pwy sy'n cofio am Wrthryfel y Bocswyr, a pham?

Gŵr Pru ydw i a fi ydy Rheithor Eglwys Sant Mihangel yn Aberystwyth. Roedd yr ymweliad hwn â thalaith Shanxi yng ngogledd-ddwyrain China yn un arbennig iawn. Mae fy meddyliau wedi bod gyda hen daid a nain Pru a'u haberth fawr yn gadael y DU i deithio mor bell er mwyn mynd â neges yr Efengyl i'r rhan hon o China. Dw i wedi bod yn meddwl am y pâr Chineaidd ifanc y gwnes i eu priodi yn Aberystwyth cyn i ni adael. Mae ffydd ac ymroddiad y Cristnogion Chineaidd a roddodd groeso mor gynnes i ni wedi bod yn ysbrydoliaeth.

Y Parch. Ganon Stuart Bell

Elizabeth Dixon oedd fy hen nain. Mae'r ymweliad hwn â XinZhou ger Taiyuan yn nhalaith Shanxi wedi bod yn ymweliad emosiynol i mi. Wnes i erioed freuddwydio y byddwn yn gallu crwydro trwy'r strydoedd lle roedd hi'n byw ac yn gweithio, a lle cafodd ei dienyddio mewn ffordd mor giaidd.
Rydw i'n falch o fod yn ddisgynnydd i wraig mor ddewr ac o allu dilyn ei chamre o ffydd. Rydw i'n treulio llawer o f'amser gyda Christnogion ifanc o dramor sy'n dod i astudio yn Aberystwyth.

Pru Bell

Fi ydy gweinidog/arweinydd y Cristnogion yn yr ardal yma. Roeddwn wedi synnu pan ddaeth Pru a Stuart i'r dref i chwilio am fedd Elizabeth Dixon. Mae eu hymweliad wedi rhoi cyfle i ni ymddiheuro a gofyn am eu maddeuant. Yn ddiweddar, rydyn ni wedi adeiladu eglwys sy'n gallu dal 1,000 o bobl. Mae gennym 120 o eglwysi dibynnol yn gysylltiedig â ni, ac fe wnaethon ni fedyddio 300 o Gristnogion y llynedd yn yr adeilad newydd.

Y Gweinidog Yingchen Feng

Rydw i'n aelod o'r eglwys Gristnogol yma yn XinZhou. Fy ngŵr ydy'r gweinidog. Dydy hi ddim wedi bod yn hawdd bod yn Gristion yn China. Cafodd llawer o Gristnogion Chineaidd eu dienyddio yn ystod Gwrthryfel y Bocswyr. Ers i'r Comiwnyddion ddod i rym yn China yn 1949, mae Cristnogion wedi cael eu herlid a thiroedd yr eglwys wedi'u hatafaelu. Cafodd y gofeb i ferthyron Gwrthryfel y Bocswyr ei dinistrio yn ystod Chwyldro Diwylliannol yr 1970au. Gobeithio y gallwn drwsio'r gofeb a pherswadio'r awdurdodau i ddychwelyd y tir i ni neu i'n digolledu.

Xiaoyan Feng

Herbert ac Elizabeth Dixon gyda'u plant

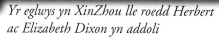

Yr eglwys yn XinZhou lle roedd Herbert ac Elizabeth Dixon yn addoli

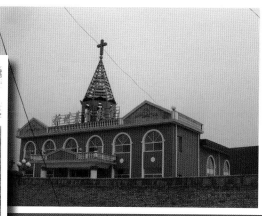

Yr eglwys newydd yn XinZhou yn nhalaith Shanxi

Beth ddigwyddodd yn ystod Gwrthryfel y Bocswyr? : Stori'r milwyr

Mae rhai pobl yn mwynhau chwarae gêmau rhyfel fel hobi. Maen nhw'n adeiladu modelau o safleoedd rhyfeloedd ac yn defnyddio milwyr model i ail-greu brwydrau enwog. Dyma rai lluniau o fodelau sy'n adrodd hanes Gwarchae Peking.

Yn 1900, roedd Beijing (Peking) yn cael ei rheoli gan y pwerau tramor. Roedden nhw wedi adeiladu lle caeedig ar gyfer eu masnachwyr a swyddogion eu llywodraeth. Yr enw ar y lle caeedig oedd clos y cenhadon. Symudodd llawer o dramorwyr i'r clos yn ystod Gwrthryfel y Bocswyr er mwyn bod yn ddiogel. Ar 18 Mehefin, cyhoeddodd yr Ymerodres Tz'u-hsi ryfel ar ei holl elynion estron. Rhoddodd wltimatwm i'r 11 gweinidog tramor yn y clos. Dywedwyd wrthyn nhw am adael Peking, gyda'u gwarchodlu, o fewn 24 awr, ond fe benderfynon nhw aros. Amgylchynwyd yr ardal a'i rhoi dan warchae gan 140,000 o Focswyr a'r gwarchodlu ymerodrol. Cafodd yr adeiladau eu peledu gan ynnau maes Chineaidd, a bu'n rhaid i'r Eidalwyr, yr Almaenwyr, y Japaneaid, y Ffrancwyr a'r Awstriaid adael eu **llysgenadaethau** eu hunain a llochesu ym mhencadlys y Prydeinwyr.

> **llysgenadaethau** – swyddfeydd y llysgenhadon (*embassies*)

Model o Warchae Peking

Roedd digon o ddŵr yn y clos, ond roedd bwyd yn brin a bu'n rhaid ei ddogni. Cafodd bron pawb ddysentri ac roedd heidiau o bryfed duon ym mhobman. Gorfodwyd y Gorllewinwyr i fwyta cig ceffyl a reis, tra oedd y Chineaid yn bwyta rhisgl, a chŵn a chathod crwydr.

Wyth wythnos wedi i'r gwarchae ddechrau, cyrhaeddodd byddin o filwyr **cynghreiriol** gyrion Peking er mwyn rhyddhau'r ddinas. Meddiannwyd Peking ar 14 Awst 1900 gan yr ymgyrch ryddhau hon o 16,000 o filwyr Prydeinig, Ffrengig, Japaneaidd, Rwsiaidd, Almaenig ac Americanaidd. Y Ffiwsilwyr Brenhinol Cymreig oedd byddin fwyaf yr ymgyrch.

> **cynghreiriol** – milwyr o wledydd oedd wedi uno gyda'i gilydd i ymladd yn erbyn y Bocswyr

Modelau o'r Ffiwsilwyr Brenhinol Cymreig yn ymladd yn erbyn rhai o'r Bocswyr

Derbyniodd Preifat Jackson fedal o Gymeradwyaeth Arbennig am ei ddewrder. Safodd ar arglawdd rhwng milwyr Cymru a Rwsia a galw arnyn nhw i beidio â saethu. Cefnogi ei gilydd oedd gwaith **magnelau** Prydain a Rwsia, a throsglwyddo negeseuon rhwng y ddau grŵp o filwyr ynglŷn â'r pellter roedden nhw'n ei dargedu. Yn anffodus, roedd y Rwsiaid yn mesur mewn metrau, tra oedd y Prydeinwyr yn mesur mewn llathenni, ac roedd y naill ochr a'r llall yn ei chymryd yn ganiataol bod yr ochr arall yn defnyddio'r un uned fesur. O ganlyniad, roedd y gynnau mawr yn wallus a lladdwyd pedwar milwr Americanaidd.

Aeth y milwyr Cymreig, gyda'u cynghreiriaid, i mewn i'r ddinas trwy'r draeniau carthion, gan olygu eu bod hyd at eu pennau gliniau mewn slwtsh du. Rhoddodd merched y clos groeso a gwydrau o siampên iddyn nhw. Lladdwyd 66 o dramorwyr yn ystod y gwarchae ac anafwyd 150 ohonyn nhw. Ni chadwyd cofnod o'r nifer o Gristnogion a gweision Chineaidd a fu farw.

> **magnelau** – gynnau mawr

Tasg

Gweithiwch fel aelod o grŵp i geisio defnyddio cynnwys eich casys pensiliau i ail-greu golygfa o Rhyddhau Peking.

Wrth i'r ymgyrch ryddhau gael rheolaeth ar Peking, dihangodd yr ymerodres i Sian. Yn 1901, bu'n rhaid i lywodraeth China dalu dirwy o £67 miliwn i'r tramorwyr. Roedd yn rhaid iddi ganiatáu i filwyr tramor gael eu lleoli y tu allan i glos y cenhadon ac ar hyd llwybrau rheilffyrdd pwysig. Gwaharddwyd China rhag mewnforio arfau, a byddai gweinidogion a fyddai'n peidio â difa unrhyw brotestiadau gwrthdramorol yn cael eu diswyddo.

Dathlodd y milwyr oedd wedi meddiannu Peking trwy ysbeilio am emau a thrysorau hynafol. Cwynodd rhai o'r Ffiwsilwyr Brenhinol Cymreig ei bod yn anodd gwybod beth oedd yn werthfawr neu ddod o hyd i wrthrychau oedd yn ddigon bychan i'w cludo mewn bag canfas.

Stori Frank Richards

> Gyda'r nos, pan oedd yr ysbeilio ar ei waethaf, aeth Robb a dyn arall i mewn i dŷ hen ŵr Chineaidd, lle cawson nhw hyd iddo yn crynu gan ofn mewn cornel … Dywedason nhw wrtho na fydden nhw'n ei ladd pe bai'n dangos iddyn nhw lle roedd ei drysorau, ond os byddai'n styfnig, yna bydden nhw'n ei ladd. Ysgydwodd yr hen ŵr ei ben, gan ddweud ei fod yn ddyn tlawd iawn ac nad oedd ganddo drysorau i'w cuddio. Gwylltiodd ffrind Robb, ac roedd ar fin ei drywanu â'r bidog pan gafodd ei rwystro gan Robb yn dweud: 'Na, dim fel yna! Dw i'n mynd i'w saethu. Dw i wastad wedi bod eisiau gweld pa fath o anaf ma *dum-dum* yn ei wneud, ac yn enw Crist, dw i'n mynd i roi cynnig arni ar y diawl Chink yma!' Cododd ei reiffl a saethu'r hen ŵr trwy ei ben. Syrthiodd yn farw wrth eu traed.
>
> … Roedden ni yn Agra pan wnaeth Robb gais i gael ei drosglwyddo i'r sefydliad cartref. Fe'i hanfonwyd yn ôl ac ymunodd â'r Bataliwn Cyntaf yn Iwerddon. Yno ar y Curragh un diwrnod, aeth gyda llawer o ddynion eraill i ymdrochi mewn llyn mawr. Plymiodd i'r dŵr, lle, yn ddi-os, roedd ysbryd y Chinead a lofruddiwyd yn llechu ac yn aros amdano. Ni ddaeth i'r wyneb ar ôl plymio, a phan sylwodd ei ffrindiau ei fod ar goll, daethon nhw o hyd iddo yn gorwedd ar waelod y llyn yn ymyl carreg fawr. Roedd ei ben wedi taro yn erbyn y garreg yn ôl pob tebyg. Fe'i codwyd allan, wedi hanner boddi ac yn anymwybodol, gyda chlais mawr ar ei ben, a'i gludo i'r ysbyty. Roedd yr anaf wedi achosi bod hanner ei gorff wedi ei barlysu.

Dyfynnwyd o *Old Soldier Sahib*, Frank Richards, Faber and Faber, 1965

dum-dum – bwled ehangol

C

1. Pam fyddai milwyr yn dymuno ysbeilio am drysorau?
2. Ydy ysbeilio yn drosedd ryfel?
3. Beth ydy eich barn am yr hyn ddigwyddodd i Robb yn Iwerddon?

Sut mae Cymru wedi ymateb i 'dramorwyr'?

Yn 1911, aeth morwyr Lerpwl a Chaerdydd ar streic. Eu harweinydd oedd y Capten Edward Tupper. Er mwyn cadw porthladd Caerdydd ar agor a thorri'r streic, penderfynodd y cyflogwyr fewnforio llafur o dramor. Fe wnaethon nhw gyflogi nifer fawr o forwyr Chineaidd, gan dalu cyflogau uwch iddyn nhw na'r hyn oedd y streicwyr yn ei dderbyn fel arfer. Roedd y cyflogwyr yn credu bod y morwyr Chineaidd yn weithwyr caled ac yn rhad i'w talu.

Y Capten Edward Tupper yn annerch torf

Roedd morwyr Caerdydd wedi gwylltio ac fe wnaethon nhw fygwth y morwyr Chineaidd oherwydd eu rhan yn yr anghydfod. Adroddodd y Capten Tupper storïau am y Chineaid yn ysmygu opiwm ac yn denu merched gwynion i fod yn buteiniaid. Byddai miloedd yn dod i wrando arno'n siarad.

Ar 20 Gorffennaf 1911, roedd yna gyfres o ymosodiadau ar y gymuned Chineaidd yn Nghaerdydd. Dinistriwyd ac ysbeiliwyd y golchdai Chineaidd yn y ddinas, 30 ohonyn nhw i gyd, a rhoddwyd rhai ar dân. Yn eu dychryn, cuddiodd llawer o'r Chineaid yn eu hystafelloedd cefn wrth i brotestwyr ddod i'w tai a cheisio eu gyrru allan i'r strydoedd, lle roedd tyrfaoedd cynddeiriog yn aros amdanyn nhw. Ar 8 Gorffennaf, cyhoeddodd y *Cardiff Maritime Review*: "Dydy'r Chinead yn werth dim fel morwr … ei unig hawl i oddefgarwch ydy ei fod yn rhad."

1. Pam gafwyd terfysgoedd gwrth-Chineaidd yng Nghaerdydd yn 1911?
2. Pa rôl chwaraeodd y Capten Edward Tupper yn y terfysgoedd?
3. Sut fyddai'r bobl ganlynol yn cyfiawnhau eu gweithredoedd yn y terfysgoedd?
   a) y morwyr
   b) y morwyr Chineaidd
   c) cyflogwyr y porthladd?

Edrychwch eto ar y cwestiwn allweddol sydd wedi bod yn ganolbwynt yr ymholiad hwn:

Pam mae pobl yn amheus o dramorwyr?

Ceir sawl stori trwy gydol hanes am dramorwyr yn cael eu bygwth a'u herlid. Ellwch chi weld rhesymau am y ffaith fod tramorwyr yn aml yn teimlo dan fygythiad? Darllenwch trwy'r bennod eto a cheisiwch ddewis gwybodaeth fydd yn eich helpu i gwblhau'r tabl canlynol.

Beth ddigwyddodd?	Pwy oedd y tramorwyr?	Pam oedden nhw'n cael eu bygwth?
Gwrthryfel y Bocswyr 1900		
Terfysgoedd gwrth-Chineaidd 1911		
Enghraifft o hanes: e.e.		
Parc Caia, Wrecsam 2003 Ar ddydd Sul 22 Mehefin 2003, dechreuodd terfysg ar Stad Parc Caia, Wrecsam rhwng grŵp o bobl leol a grŵp o ddynion ifanc Cwrdaidd-Iracaidd.	Ceiswyr lloches Cwrdaidd-Iracaidd oedd wedi dianc i Gymru am ddiogelwch.	Roedd pobl leol yn cyhuddo'r Cwrdiaid Iracaidd o ddwyn eu swyddi a'u cariadon. Roedden nhw'n hawlio bod y ceiswyr lloches wedi derbyn ffonau symudol a cheir am ddim gan y cyngor. "Mae gan yr holl geiswyr lloches yma swyddi – fel unrhyw un sydd â swydd, gallan nhw wario eu harian fel y mynnon," meddai Alun Jenkins, dirprwy arweinydd Cyngor Wrecsam. "Gallan nhw brynu ffonau symudol ond mae yna deimlad eu bod yma yn begera, eu bod yn cael arian a ffonau symudol – mae hyn yn hollol anghywir", ychwanegodd.
Enghraifft o bapur newydd cyfoes: e.e.		

Tasg

1. Pa gyngor 'cyffredinol' fyddech chi'n ei roi i arweinwyr cymunedau sydd am osgoi tensiynau hiliol? Gallai eich brawddeg agoriadol fod yn debyg i hon: "Bydd pobl yn debygol o fygwth tramorwyr os …"
2. Gwnewch argraff ar eich ffrindiau! Defnyddiwch y gair 'senoffobia' neu 'senoffobig' neu 'senoffôb' mewn brawddeg!

Buffalo Bill

'Arddangosfa sydd ddim yn dynwared ond yn addysgu'

Ydy hwn yn ddisgrifiad teg o Sioe Gorllewin Gwyllt Buffalo Bill?

Aeth Sioe Gorllewin Gwyllt Buffalo Bill ar daith yng Nghymru yn 1903 ac 1904.

Sioe Gorllewin Gwyllt Buffalo Bill, Treganna, Caerdydd 1903

Dychmygwch mai chi oedd un o'r gwylwyr yn y ffotograff hwn. Beth fyddech chi wedi'i ddweud wrth eich teulu a'ch ffrindiau yn hwyrach y diwrnod hwnnw?

Y Darlun Mawr

Bydd y bennod hon yn eich helpu i:
- Feddwl **pam** mae rhai storïau hanesyddol yn goroesi;
- Deall y cysylltiadau rhwng pobl, lleoedd a chyfnodau hanesyddol;
- Dysgu am hanes Gorllewin America.

Pwy oedd Buffalo Bill?

Enw iawn Buffalo Bill oedd William Cody. Cafodd ei eni yn 1846 yn nhalaith Iowa yn UDA. Ar yr adeg hon yn UDA, roedd dynion ifanc a'u teuluoedd yn teithio i'r gorllewin fel arloeswyr, yn edrych am diroedd newydd i'w datblygu. Roedden nhw'n adeiladu ransiau, gweithfeydd aur a rheilffyrdd. Fe wnaethon nhw ymsefydlu ar y tiroedd lle roedd llwythau'r Americanwyr brodorol, fel y Cheyenne a'r Sioux, wedi bod yn hela'r byfflos. Yn anochel, arweiniodd hyn at nifer o frwydrau rhwng y 'cowbois' a'r 'indiaid'.

Bu Buffalo Bill yn gwneud sawl swydd yn ystod ei oes: gweithiodd fel negesydd brys, mwynwr aur, marchog Pony Express, sgowt, gyrrwr coets fawr, heliwr byfflos, actor, ransiwr a dyn sioe.

Buffalo Bill Cody yn 1903

Adroddodd nifer o storïau amdano ei hun:
- "Lleddais f'Americanwr brodorol cyntaf pan oeddwn yn 12 mlwydd oed."
- "Un tro, marchogais 322 milltir mewn 21 awr a 30 munud."
- "Lleddais 4,280 byfflo mewn dau fis ar bymtheg."
- "Lleddais Chief Tall Bull."

Yn 1882, penderfynodd drefnu Sioe Gorllewin Gwyllt a fyddai'n cynnwys arddangosiad o sgiliau cowbois, ymosodiadau Americanwyr brodorol ar goetsis mawr, ac ailgread o frwydr enwog o'r enw Brwydr y Little Big Horn neu Custer's Last Stand.

Aeth Sioe Gorllewin Gwyllt William Cody ar daith yn nhaleithiau UDA, Lloegr, Ffrainc, Sbaen, yr Eidal, yr Almaen, Awstria a Gwlad Belg.

Yn 1903-4, daeth Sioe Gorllewin Gwyllt Buffalo Bill i Gymru.

Beth oedd Sioe Gorllewin Gwyllt Buffalo Bill?

Byddai pobl Cymru ar yr adeg hon wedi treulio eu hamser hamdden o fewn eu cymunedau: mewn cyfarfodydd capel, ymarferion côr a band, a gêmau pêl-droed a rygbi. O bryd i'w gilydd, byddai sinemâu teithiol yn ymweld a byddai pobl yn gwylio ffilmiau mud William Haggar ac Arthur Cheetham.

Ymddangosodd y poster hwn yn y *Carmarthen Journal* yn 1904.

Tasgau

1. Mae haneswyr bob amser yn edrych am ateb i'r cwestiynau, **Pwy? Beth? Ble? Pryd? Pam? Sut?** Gweithiwch gyda ffrind i baratoi cyfres o gwestiynau yn seiliedig ar y poster i'w hateb gan bâr arall o ffrindiau. Ceisiwch feddwl am gwestiynau 'bach' lle gellir dod o hyd i'r atebion yn hawdd ar y poster, a chwestiynau 'mwy' fydd yn annog eich ffrindiau i 'feddwl'!

2. Sut fyddai'r poster wedi perswadio pobl i ymweld â'r sioe?

3. Ysgrifennwyd hyn gan un newyddiadurwr yn y *Carmarthen Journal* ar 20 Mai 1904: "Trwy garedigrwydd y sgowt enwog (Cody), yn y bore cafodd cynrychiolwyr y *Journal* a newyddiadurwyr eraill eu tywys trwy'r gwahanol adrannau gan y gŵr hwyliog, Mr Small, sef Swyddog y Wasg, ac ar y diwedd cawson nhw ginio gyda Buffalo Bill." Mae gweddill yr erthygl yn disgrifio croeso Buffalo Bill ond nid Sioe'r Gorllewin Gwyllt!

Pa mor ddefnyddiol fyddai'r erthygl i hanesydd sy'n astudio taith Buffalo Bill trwy Gymru?

Beth all rhestr ei ddweud wrthym am y gorffennol?

Dyma restr o berfformiadau Sioe Gorllewin Gwyllt Buffalo Bill yng Nghymru yn ystod 1903-4.

1903	
27/5/03	Y Rhyl
28/5/03	Bangor
29/5/03	Rhiwabon
4/7/03	Aberdâr
7-11/7/03	Caerdydd
13/7/03	Llanelli
14-15/7/03	Abertawe

1904	
2/5/04	Llandudno
3/5/04	Caergybi
4/5/04	Caernarfon
5/5/04	Porthmadog
6/5/04	Dolgellau
7/5/04	Aberystwyth
11/5/04	Croesoswallt
12/5/04	Llanfair-ym-Muallt
13/5/04	Caerfyrddin
14/5/04	Doc Penfro
16/5/04	Llanelli
17/5/04	Castell-nedd
18/5/04	Pen-y-bont ar Ogwr
19/5/04	Dociau'r Barri
20-21/5/04	Caerdydd

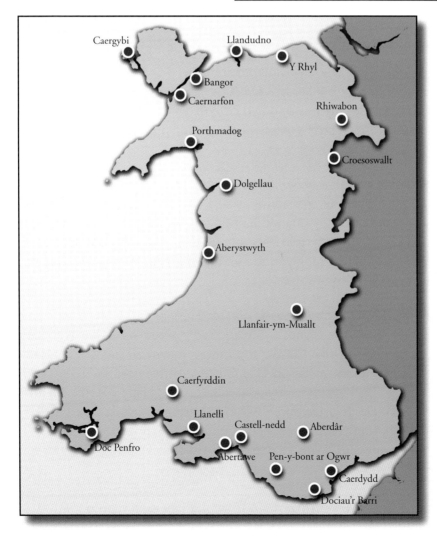

Tasgau

1. Plotiwch daith Buffalo Bill un ai yn 1903 neu yn 1904 ar fap o Gymru. (Awgrym: sut fath o rwydwaith rheilffyrdd oedd yng Nghymru yn 1903-04?)
2. Beth all y map a'r rhestr ei ddweud wrthym am Gymru yn 1903-4 ac am sioe Buffalo Bill?
3. Heddiw, mae grwpiau roc a thimau chwaraeon yn gwerthu crysau T o'u teithiau. Fel arfer, mae yna slogan neu ddelwedd ar flaen y crys a rhestr o'r mannau perfformio ar y cefn. Dyluniwch grys T ar gyfer taith Sioe Gorllewin Gwyllt Buffalo Bill.

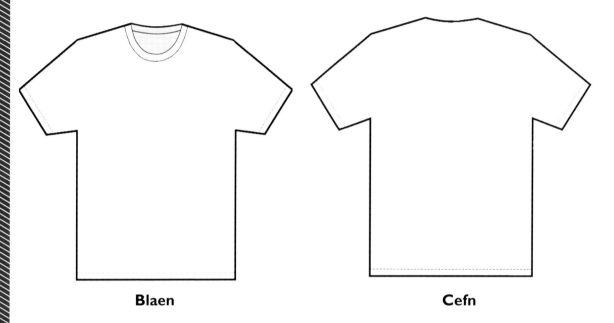

Blaen   Cefn

Ond sut le oedd y Gorllewin Gwyllt mewn gwirionedd?

Y Sioux oedd pobl nomadig y Gwastadeddau Mawr. Roedden nhw wedi dysgu sut i ddofi'r ceffylau oedd wedi dod gyda'r Sbaenwyr i America yn ystod yr 16eg ganrif, ac roedden nhw'n goroesi trwy hela'r byfflos oedd yn crwydro'r tir, gan symud eu teuluoedd a'u tîpis gyda nhw. Roedden nhw'n bobl ysbrydol iawn oedd yn cymuno â'r byd ysbrydol trwy gerddoriaeth a dawns.

Ond roedd y dynion gwynion hefyd am gael gafael ar diroedd y Gwastadeddau Mawr i ddatblygu gweithfeydd aur ac adeiladu ransiau a chaerau. Ymladdodd rhyfelwyr y Sioux i amddiffyn eu tiroedd, ond yn y diwedd bu raid iddyn nhw arwyddo cytundebau heddwch gyda'r cyfaneddwyr gwyn a chytuno i fyw mewn tiriogaethau brodorol fel y Bryniau Duon (the Black Hills) yn Ne Dakota. Mynnodd eu harweinydd, Sitting Bull, fyw yn rhydd, a gwrthododd fyw yn y diriogaeth frodorol.

Yn 1876, arweiniodd yr Uwch-frigadydd Custer bum cwmni o filwyr ac ymosod ar wersyllfan y Sioux yn y Little Bighorn. Ymladdodd y Sioux yn eu herbyn, dan arweiniad Crazy Horse, a chafodd byddin Custer ei choncro mewn 20 munud. Daethpwyd i alw Brwydr y Little Bighorn yn Safiad Olaf Custer. Aeth cafalri yr UD ati i ddial trwy **ymddiffeithio**, gan ladd llawer o ddynion, merched a phlant y Sioux. Bu'n rhaid i arweinwyr y Sioux ildio yn y diwedd. Teithiodd Sitting Bull gyda Sioe Gorllewin Gwyllt Buffalo Bill yn 1885, ond yna dychwelodd at ei bobl. Dechreuodd ymwneud â chrefydd newydd oedd yn cynnwys Dawns yr Ysbryd (*Ghost Dance*), gan gredu y byddai hyn yn atal bwledi'r dynion gwynion.

ymddiffeithio – llosgi cnydau ac ati, a symud neu ddinistrio popeth o ddefnydd

Saethwyd Sitting Bull yn farw gan ddau blismon Sioux mewn gwrthdrawiad gydag awdurdodau'r UD ar 15 Rhagfyr 1890. Teimlai'r Sioux dan fygythiad ac aethant ati i baratoi i symud eu gwersyll. Aeth cafalri yr UD â nhw i Wounded Knee Creek. Yno, amgylchynwyd y Sioux gan y cafalri, a mynnwyd eu bod yn ildio eu harfau. Yn sydyn, atseiniodd ergyd, gan ddechrau gwrthdaro a arweiniodd at farwolaeth 25 milwr a bron i 180 o ddynion, merched a phlant y Sioux.

Pwy oedd 'arloeswyr y gwastadeddau'?

Y Pennaeth Blue Horse

Robert Owen Pugh yn y Swyddfa Bost roedd yn ei chadw yn Gamble, De Dakota tua 1910

"F'enw ydy Beryl a dw i'n byw yn y Bala. Fy hobi ydy achyddiaeth – mae hyn yn golygu ymchwilio i 'nghart achau. Dw i'n treulio llawer o amser yn yr archifdy yn Nolgellau. Roedd Nain yn arfer dweud ein bod ni'n perthyn i un o Benaethiaid yr Indiaid ond doeddwn i erioed wedi ei chredu yn go iawn nes i mi ddechrau chwilio am wybodaeth am Robert Owen Pugh oedd yn hen, hen ewythr i mi. Mae yna feddau ym mynwent Llanfachreth sy'n dangos bod ei frawd, ei chwaer a'i fam wedi marw erbyn 1854. Ymfudodd i UDA o gwmpas 1862, pan oedd yn 16 oed, a gellir dod o hyd i'w enw yn ffurflenni cyfrifiad yr UD. Mae ffurflenni cyfrifiad 1900 yn profi ei fod yn byw mewn tiriogaeth frodorol ac mai'r bobl Oglala Sioux oedd ei gymdogion. Priododd ag wyres y Pennaeth Blue Horse. Roedd y bobl Oglala Sioux yn ei barchu'n fawr ac roedd Robert Owen Pugh yn eu cynrychioli yn y Cyngor Cyntaf, cyngor hanesyddol a gafodd ei gynnal yn 1895. Yn y Cyngor yma, cafodd yr hawliau i'r Bryniau Duon eu trafod gan y Llywodraeth Ffederal a llwyth yr Oglala. Mae'n debygol mai Robert Owen Pugh oedd yr unig ddyn gwyn i fod ar ochr yr Indiaid.

Yn 1906, rhoddodd Robert Owen Pugh dystiolaeth hir i'r Comisiwn dan arweiniad y Barnwr Ricker. Roedd y Comisiwn yn ymchwilio i gyflwr y boblogaeth frodorol yn dilyn cyflafan Wounded Knee.

Byddwn wrth fy modd yn ymweld â thref Martin yn Ne Dakota – mae yna Pugh Street yno!"

(Roedd Swyddfa Bost Gamble yn agos iawn at y ffin â Nebraska, ond does dim byd yno heddiw.)

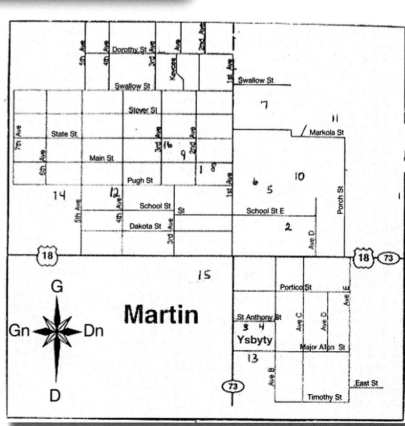

Tasgau

1. Gwnewch restr o'r ffynonellau mae Beryl wedi'u defnyddio i ymchwilio i'w chart achau.
2. Pa ffynonellau fyddai wedi bod yn fwyaf defnyddiol i Beryl? Eglurwch eich ateb.

Beth ydy'r cysylltiad?

Dyma rai geiriau, enwau a digwyddiadau allweddol sydd wedi ymddangos yn y bennod hon am daith Buffalo Bill trwy Gymru yn 1903-4. Ellwch chi feddwl am unrhyw gysylltiadau a fyddai'n eu clymu wrth ei gilydd? Tynnwch linell rhwng pob cysylltiad ac ysgrifennwch eglurhad ar hyd pob llinell gyswllt. Bydd eich papur yn edrych yn flêr – ond bydd gennych well dealltwriaeth o'r 'darlun mawr' a sut rydym wedi'n cysylltu â phobl eraill, mewn lleoedd eraill ac mewn cyfnodau gwahanol. Rydym yn cyfeirio at hyn weithiau fel dinasyddiaeth fyd-eang.

Sioe Gorllewin Gwyllt Buffalo Bill

Y Pennaeth Blue Horse

Brwydr yn Wounded Knee Creek 1890

Beryl

Christopher Columbus

Robert Owen Pugh

Beth ydy'r cysylltiad?

mudo

Dolgellau

Sitting Bull

Yr Uwch-frigadydd Custer

Brwydr y Little Bighorn 1876

De Dakota

Sioux

Edrychwch eto ar y cwestiwn allweddol sydd wedi bod yn ganolbwynt yr ymholiad hwn:

'Arddangosfa sydd ddim yn dynwared ond yn addysgu'

Ydy hwn yn ddisgrifiad teg o Sioe Gorllewin Gwyllt Buffalo Bill?

1. Sut feddyliwch chi fyddai person oedd yn byw yng Nghymru yn 1904 wedi ymateb i'r cwestiwn hwn?
2. Sut fyddai Americanwr brodorol yn ymateb i'r cwestiwn?
3. Beth ydy eich ymateb chi i'r cwestiwn?
4. Gafodd Sioe Gorllewin Gwyllt Buffalo Bill unrhyw effaith ar eich ardal chi?

Doc Penfro
Mae Robert Jakes, y cerflunydd, wedi gweithio gyda disgyblion o ysgolion cynradd lleol i gynhyrchu placiau efydd sy'n dangos hanes y dref. Gellir gweld y rhain wrth i chi ddilyn Llwybr Treftadaeth y dref.

(www.robertjakes.co.uk/enl_RP_PD_trail.htm)

Caernarfon
Mae Moniars, grŵp gwerin Cymreig, wedi recordio cân am ymweliad Buffalo Bill â Chaernarfon. Mae'r gân yn sôn am daid/dad-cu y cyfansoddwr yn siarad am yr olygfa ysblennydd a bod ysgolion Ynys Môn a Sir Caernarfon wedi cau am y dydd.

Os ewch chi ar wefan gerddoriaeth fel Apple iTunes, gellwch lawrlwytho'r gan *Buffalo Bill*.

Cysylltwch â'ch archifdy lleol!

http://www.archivesnetworkwales.info/

Diwygiad 1904

Oedd Diwygiad 1904 yn ddigwyddiad arwyddocaol?

I Achub Hen Rebel
To Save a Poor Sinner

Cymru a'r Diwygiad 1904 - 05
Wales and the Revival 1904 - 05

2195 C   MR. EVAN ROBERTS SMILES WHILST PREACHING.   ROTARY PHOTO. E.C.

LLYFRGELL GENEDLAETHOL CYMRU ABERYSTWYTH	LlGC NLW	THE NATIONAL LIBRARY OF WALES ABERYSTWYTH
10 GORFF 2004 - 8 IONAWR 2005		10 JULY 2004 - 8 JANUARY 2005
AR AGOR LLUN - SADWRN 10.00 am - 5.00 pm		OPEN MONDAY - SATURDAY 10.00 am - 5.00 pm
AR GAU AR Y SUL A GWYL Y BANC		CLOSED SUNDAYS & PUBLIC HOLIDAYS
MYNEDIAD AM DDIM		FREE ADMISSION

Noddir gan Lywodraeth Cynulliad Cymru Sponsored by Welsh Assembly Government

C

1. Beth ydy diwygiad? Gwnewch nodyn o'ch syniadau cyntaf.
2. Ydy'r poster yn eich helpu i ateb y cwestiwn allweddol?

Y Darlun Mawr

Bydd y bennod hon yn eich helpu i:
• Ddisgrifio natur diwygiad crefyddol;
• Deall pam mae rhai digwyddiadau yn cael eu disgrifio fel rhai arwyddocaol;
• Ystyried pa mor ddefnyddiol ydy papurau newydd a dyddiaduron fel ffynonellau hanesyddol.

Beth ddigwyddodd yn 1904?

Ganwyd Evan Roberts yng Nghasllwchwr ger Llanelli yn 1878. Aeth i weithio yn y pyllau glo pan oedd yn 12 oed ac yna cafodd ei ailhyfforddi fel gof, cyn mynd i ddosbarthiadau diwinyddol yng Nghastellnewydd Emlyn. Un noson, siaradodd Duw ag ef yn ei freuddwydion fel 'dyn yn siarad wyneb yn wyneb â ffrind'. Rhoddodd Evan Roberts y gorau i'w astudio a theithiodd trwy Gymru yn pregethu ac yn annog pobl i roi eu ffydd yn Iesu Grist. Roedd cannoedd o bobl, yn arbennig pobl ifanc, yn dod i wrando arno'n pregethu. Roedd adroddiadau dyddiol yn y papurau newydd amdano.

Evan Roberts oedd arweinydd Diwygiad 1904. Dyma rai detholiadau o'i ddyddiadur, ei lythyrau a'i sgyrsiau â ffrindiau:

30 Medi 1904

'Dywedais … i ni gael cyfarfodydd brwdfrydig ym Mlaenannerch, ond ofnaf fod y gair yn rhy wan. Dylwn ddweud eu bod yn rhyfeddol, oherwydd roedd yr Ysbryd Glân yno yn gweithio yn rhyfeddol. Cyfarfod heddiw oedd y diwrnod mwyaf ofnadwy a hyfryd yn fy mywyd. Roedd y merched ifanc o Geinewydd yno – tua 30 mewn rhif. Ac O, mi garwn pe bai ysbryd tebyg yn disgyn ar ferched ifanc Casllwchwr. Yna fydden nhw ddim siarad yn ysgafn yn y capeli nac yn gallu gwneud hynny; a byddai eu holl wamalrwydd yn cael ei ysgubo i ffwrdd … Mae rhai o'r merched ifanc hyn wedi bod yn gymeriadau anystyriol, yn darllen nofelau, yn fflyrtio, byth yn darllen eu Beiblau. Ond O!, dyna newid rhyfeddol yn awr! Mewn gwirionedd, dyma wyrth ddwyfol!'

Hydref a Thachwedd 1904

'Rydym wedi dod i gysylltiad â bechgyn a merched Ceinewydd yn y dref hon, ym Mlaenannerch a Thwrgwyn … Cawsom un oedfa ofnadwy ym Mlaenannerch, ond cawsom oedfa felys ryfeddol yn Nhwrgwyn. Dechreuodd yr oedfa am 6.15 a gorffennodd am 10.15. Pedair awr o gwrdd … a neb ond y bobl ifanc yn cymryd rhan.'
'… cytunodd rhai ohonom i ofyn i'r Arglwydd am gan mil o eneidiau yng Nghymru i Iesu Grist. Ac mi welais Iesu Grist yn cyflwyno math o 'siec' i'w Dad, gyda'r geiriau 'can mil' wedi'u hysgrifennu arno. Ac mae popeth yn iawn.'

---

gwamalrwydd – bod yn chwit-chwat, siarad yn ysgafn
anystyriol – peidio ag ystyried anghenion pobl eraill

Cyhoeddodd y *Western Mail* erthyglau manwl am Evan Roberts a'i ddilynwyr ifanc:

Hwn oedd y digwyddiad mwyaf nodedig mewn gwasanaeth nodedig, ond nid oedd yn unigryw. Yn cymryd rhan yn barchus yn y gwasanaeth oedd gwraig ifanc a oedd, y bore hwnnw, wedi ymddangos o flaen ei gwell yn Llys Heddlu Caerdydd, a'i rhyddhau o dan Ddeddf Cyntaf-Dramgwyddwr. Aeth i'r sedd fawr, lle arhosodd am sawl munud, gan weddïo gydag eraill. Dilynwyd y gwasanaeth rhyfeddol hwn gan genhadaeth stryd fyrfyfyr pan gafwyd canlyniadau annisgwyl o lwyddiannus. Aethpwyd i gyfarfod â llawer o ddynion a merched wrth iddynt adael y tafarndai, ac er bod y cynnig i ymuno mewn gwasanaeth capel yn cael ei wrthod gyda dirmyg ac iaith anweddus, llwyddodd y dyfalbarhad, ac o fewn dim amser llifai criw brith i mewn i'r Tabernacl, mewn cyferbyniad eglur â'r hyn oedd newydd ei lenwi. Llawer oedd y storïau syfrdanol a glywyd, llawer oedd yr hanesion o anobaith.

> This was the most notable incident in a notable service, but it did not stand alone. A young woman, who had that morning appeared in the dock at the Cardiff Police-court, and was discharged under the First Offenders Act, reverently took part in the service, and entered the big pew, where she remained for several minutes, and prayed with others. This wonderful meeting was followed by an impromptu street mission, which produced results unexpectedly successful. Many men and women were met as they left the public-houses, and though the offer to join in a chapel service was frequently rejected with scorn and ribald language, perseverance told, and in a very short time there began to stream into the Tabernacle a motley crowd, in sharp contrast to that which had so recently filled it. Many were the startling stories heard, many the tales of despair.

"Doeddwn i ddim wedi bod lawer o funudau yn yr adeilad cyn i mi deimlo nad oedd hwn yn gyfarfod cyffredin o gwbl. Yn hytrach na'r drefn arferol rydym wedi dod yn gyfarwydd â hi yn y gwasanaethau crefyddol **uniongred**, roedd popeth yma yn cael ei adael i ysgogiad **digymell** y funud. Doedd y pregethwr chwaith ddim yn aros yn ei sedd arferol. Y rhan fwyaf o'r amser, roedd yn cerdded i fyny ac i lawr yr eil, y Beibl ar agor yn un llaw, gan **gymell** un, annog un arall, a phenlinio gydag un arall er mwyn erfyn am fendith o orsedd gras."

> "I had not been many minutes in the building before I felt that this was no ordinary gathering. Instead of the set order of proceeding to which we are accustomed at the orthodox religious services, everything here was left to the spontaneous impulse of the moment. The preacher too, did not remain in his usual seat. For the most part he walked up and down the aisle, open Bible in one hand, exhorting one, encouraging another, and kneeling with a third to implore a blessing from the throne of grace."

MR. EVAN ROBERTS' MEETINGS.

REVIVAL.

WONDERFUL RESULTS OF THE MOVEMENT.

CONVERSIONS NUMBER OVER SEVENTY THOUSAND.

Place	No.	Place	No.	Place	No.
Aberaman	246	Fleur-de-Lis, Pengam, and Gilfach	214	Penarth	600
Aberavon	325	Freystrop	34	Penclawdd	195
Aberbeeg	155	Ffrwngcywyld (N. W.)	60	Penderyn (Aberdare)	10
Abercarn	57	Gadlys	147	Penrhiwceiber	413
Abercwmboy	142	Gelligaer	17	Pentre	1,302
Abergwynfi	630	Gilfachgoch	451	Penycae (N. Wales)	130
Aberdare	718	Gilwern and district	60	Pengraig	
Aberpennar and Rhosgwyad	420	Glanamman	135	Penywaun (Aberdare)	66
Aberkenfig	256	Glyn-Neath	450	Peterstone	15
Abernant	97	Goodwick	20	Pontardawe	212
Abersychan, Pontnewydd, Talywain, Garndiffaith, and Varteg	451	Gorseinon	304	Pontardulais	215
		Gowerton and Waun-arlwydd	141	Pontlottyn	242
Abertillery, Sixbells, and Cwmtillery	2,342	Gwaen-cae-Gurwen	20	Pontnewydd	62
Abertridwr	220	Irafael	262	Pontrhydfendigaid	30
Aberystwyth and district		Haverfordwest	90	Pontrhydyfen	13
Barry	220	Holywell	22	Pontrhydygroes	20
Hargoed	162	Hirwain and district	327	Pontyberem	102
Beaufort	100	Hopkinstown	44	Pontyclun and district	120
Bedlinog	17	Kenfig Hill	33	Pontycymmer	810
Bedwas	19	Kidwelly	191	Pontygwaith	270
Blackwood	140	Lampeter and district	110	Pontypool	407
Blaenavon	610	Landore	240	Pontypridd	1,845
Blaenenein (Pen.)	6	Laugharne & Plashet	50	Pontytryl	
Blaengarw	545	Llanbradach	194	Porth	658
Blaenpennal	15	Llanddewi-Brefi	10	Porthcawl	17
Blaina	818	Llandilo (Pen.)	12	Pyle	61
Bontnewydd (near St. Asaph)	15	Llandovery	87	Resolven	641
Bridgend	270	Llandrindod Wells and Howey Village	10	Rhondda	102
Briton Ferry	406	Llandyssul and district	114	Rhuddlan	13
Brynaethin	96	Llanelly, Loughor, and Felinfoel	1,217	Rhydfelen	95
Brynmawr	274	Llanelly Hill (Brecon)	90	Rhyl (N. Wales)	45
Brynmenin	22	Llangeitho	17	Rhymney	770
Builth Wells	18	Llangennech	58	Risca	630
Burry Port	264	Llangwm (N. W.)	51	Robertstown	62
Bwlchyllan	10	Llangyfelach	28	Rogerstone	400
Caerphilly	648	Llanharan	245	St. Asaph (N. Wales)	6
Capcoch	45	Llanhilleth	162	St. Bride's	21
Cardiff	1,066	Llanidloes	17	St. Clears	96
Cardigan and district	56	Llanon	17	St. David's	38
Carmarthen		Llansamlet	274	St. Fagan's	30
Crickadarn	75	Llantwit Major	134	St. Mellon's	32
Cilfrew and Coytrahen	102	Llwydcoed	87	Sardis (Twn)	10
Cilfynydd	87	Llwynhendy	109	Senghenydd	487
Clydach (Brecon)	109	Llwyniaid	25	Seven Sisters and Onllwyn	121
Clydach-on-Tawe	270	Llwynypia	112	Skewen	481
Clydach Vale	112	Maenelrog	2,113	Sutton (Pen.)	27
Machen	70	Machokesboy	90	Swansea	500
Colty	23	Maesycwmmer	195	Talbach and Margam	270
Cowbridge	85	Malndee (Newport)	71	Talgarth and district	392
Coychurch, Trem. and Llangan	70	Mardy	680	Talywain	74
Crickhowell	91	Merthyr	760	Tongwynlais	136
Crosshands and Tumble	778	Merthyr Vale	874	Tonna and Aberdulais	340
Crosskeys	18	Middle Mill (Haverfordwest)		Tonypandy	340
Crumlin	18	Milford Haven	107	Tonyrefail	301
Cwmaman	646	Mwtis	1,623	Trealaw	50
Cwmaman (Carm.)	471	Morriston	1,486	Trehafron	50
Cwmbach	374	Mountain Ash	718	Trecynon	616
Cwmbran	172	Mynyddbach	14	Tredegar	1,500
Cwmdare	114	Nantymoel	201	Treforest	56
Cwmllynfell	129	Nantyglo	307	Tregaron	60
Cwmparc and dir	135	Neath	1,295	Treharris	1,003
Cymmer	79	Neath Abbey	71	Treherbert, Blaen-rhondda, and Blaen-ycwm	1,164
Dowlais and Penydarren	1,285	Nelson	293	Treorky	1,486
Drefach and Velindre		Newbridge	410	Troedyrhiw	488
Ebbw Vale	1,550	New Milford	300	Tylorstown	650
Ferndale and Blaenllechau	703	New Quay	55	Walton West (Pen.)	60
Ferryside	17	Newport	800	Watford (near Caerphilly)	47
Ffrwdfach & Cockett	296	Newtown (N. Wales)	192	West Hook (Pen.)	32
Fishguard	130	New Tredegar	301	Whitchurch	16
		Cymers Vale	10	Ynysbir	325
		Pembrey and Pwll	76	Ynysybwl	792
		Pembroke	12	Ystalyfera	392
		Pembroke Dock	20	Ystradgynlais	618
				Total	**85,319**

uniongred	– sefydledig
digymell	– heb ei gynllunio
cymell	– annog yn gryf

Cyhoeddwyd cardiau
post yn ystod
Diwygiad 1904

Mr. EVAN ROBERTS AND THE REVIVALISTS FROM LOUGHOR.

EVAN ROBERTS' last Revival Meeting in Anglesey.
LLANFAIRPWLLGWYNGYLLGOGERYCHWYRNDROBWLL-LLANTYSILIOGOGOGOCH.
JULY, 4TH, 1905

C

1. Beth fyddai'r bobl yn Llanfair Pwll wedi'i weld a'i glywed yng nghyfarfod y diwygiad?
2. Pam oedd cymaint o ferched yn rhan o'r diwygiad?
3. Ble oedd Evan Roberts yn debygol o fynd yn ystod y diwygiad? Pam oedd e'n dewis y lleoedd hyn?
4. I ba raddau rydych chi'n credu bod y diwygiad yn enghraifft o addoli rhywun enwog (*cult of celebrity*)?
5. Pa mor ddefnyddiol oedd y ffynonellau (dyddiadur, toriadau papur newydd, cardiau post) i'ch helpu i ateb y cwestiwn, **Beth ddigwyddodd yn 1904?**

**Ysgrifennodd y Parch. Peter Price erthygl yn beirniadu Evan Roberts.
Beth hoffech chi ei wybod am y Parch. Peter Price?**

Roedd y Parch. Peter Price yn amheus o Evan Roberts ac yn amau bod y diwygiad yn ffug. Yn Ionawr 1905, cyhoeddodd *The Western Mail* erthygl gan Peter Price oedd yn cynnwys cyfres o gwestiynau agored i Evan Roberts. Amddiffynnodd y *Western Mail* ei hawl i gyhoeddi'r erthygl fel hyn: "os yw barn yr awdur yn farn llawer, mae'n iawn iddyn nhw gael eu mynegi fel y gellir eu hateb gan y rhai sy'n credu, fel rydym ni, mai Mr Evan Roberts yw prif symbyliad y symudiad crefyddol sydd wedi cynhyrchu cymaint o ganlyniadau anhygoel yng Nghymru yn ystod y tri mis diwethaf".

Darllenwch y detholiad o erthygl y Parch. Price isod. Fe welir yr erthygl fel yr ymddangosodd yn wreiddiol ar y dudalen nesaf. Anodwch yr erthygl â chwestiynau yr hoffech eu gofyn i'r Parch. Price ac am Ddiwygiad 1904-5.

Hoffwn ofyn rhai cwestiynau i Evan Roberts – mae gennyf lawer mwy y gallwn eu gofyn, ond mi fyddaf yn fodlon am y tro gyda rhai yn unig:

1. Dywedodd fod yna rywun yn y cyntedd oedd yn derbyn Crist, ond doedd neb wedi. Pa ysbryd ddywedodd y celwydd hwn wrtho?

2. Pan ofynnir iddo siarad yn Saesneg, mae wedi dweud droeon nad yw'r Ysbryd yn ei gymell i wneud hynny, a phan fydd yn cael ei gymell i wneud hynny y bydd yn gwneud. Pam na fyddai'n dweud y gwir yn blaen, sef "Dydw i ddim yn gallu siarad Saesneg", sydd yn wir fel rwy'n deall? A beth am yr Ysbryd ar Ddydd y Pentecost? A yw'r Ysbryd wedi newid?

3. Pam mae'n aros i'r cyfarfodydd gyrraedd uchafbwynt o benpoethni cyn mynd i mewn? Os yw cymorth yn werthfawr ar unrhyw bryd, onid ar ddechrau'r cyfarfodydd mae hynny er mwyn cynnau'r tân?

4. Pam mae'n ymweld â lleoedd lle mae'r tân wedi bod yn llosgi ar ei gryfaf ers wythnosau a misoedd? Fyddai hi ddim yn fwy rhesymol iddo fynd i'r lleoedd hynny lle nad yw'r tân wedi cyrraedd?

5. Pa ysbryd sy'n ei wneud yn ddrwg ei dymer pan nad yw pethau'n digwydd yn union yn ôl ei ddymuniad?

6. Pa ysbryd sy'n gwneud iddo ddweud, "Gofynnwch i Dduw ddamnio'r bobl os nad ydych yn gofyn unrhyw beth arall?"

Ie, ond mae ganddo wyneb hyfryd a gwên hardd – felly dywed rhai merched. Dyma'r pen eithaf.

Gaf i ddweud eto fy mod i wedi ysgrifennu'r uchod er mwyn crefydd Iesu Grist, ac o gydymdeimlad ag ymwelwyr sy'n dod i "I weld y Diwygiad'? Mae'n bosibl y bydd raid i mi ddioddef erledigaeth am ysgrifennu'r uchod – hyd yn oed o du dynion sy'n 'llawn o'r ysbryd' (!) …

Y Parch. Peter Price

DOUBLE REVIVAL IN WALES.

A STRANGE ATTACK ON MR. EVAN ROBERTS.

By the Rev. PETER PRICE, B.A.
[Congregational Minister at Dowlais.]

We publish the following article, from the pen of a prominent Congregationalist minister, because, if the opinions of the writer are held by many, it is right that they should be expressed in order that they may be met by those who believe, as we do, that Mr. Evan Roberts is the human mainspring of the religious movement which has produced such remarkable results in Wales during the past three months. The subject is dealt with in our leading article.—ED.

I write the following in the interest of the religion of Jesus Christ, and because I sympathise with visitors who come from long distances "to see the Revival" in South Wales.

Now, I think I can claim that I have had as good an opportunity as most people to understand what is really going on in South Wales; and I have come to the conclusion that there are two so-called Revivals going on amongst us. The one, undoubtedly, from above—Divine, real, intense in its nature, and Cymric in its form. It is almost an impossibility for strangers who know not our temperament, nor our language, nor our religious history, to understand this. Their best method would be to go unannounced to some of our Sunday or week-day services, and, if possible, to remain unrecognised. Here they might get some idea of the real Divine thing. I lay emphasis on their remaining unnoticed, for if they are noticed there will be a danger of the service becoming either flat or mechanical. The people will either become too shy to be natural or too anxious to show what "the Revival" is to the stranger or strangers. For they know that much attention is given to "the Revival in Wales," and feel that they are somewhat honour-bound to give the visitors a taste of it, and may then attempt to make the thing, and, lo! there comes out a calf and not a God.

Those who will do this are the shallow ones, the noisy ones, those who think themselves filled the most with the Spirit, but who are the least. They are, in fact, the imitators, who say, "There's something wrong here," "The Spirit is not here," "I have had a vision," "You must bear no hatred one against the other," "There must be peace," "You must forgive one another," "There must be love," "You must have faith," "You should ask for wisdom," "The three great needs are love, faith, and wisdom," "Ask and ye shall receive," &c. These are the stock sayings of Evan Roberts, and they are sometimes repeated with much more unction by the imitators than by the original. Others may be found imitating his bodily contortions, sighs, &c. This mimicry is likely to be created when strangers are known to be present, and done by the would-be Evan Robertses quite as much for their own sakes as for the sake of the visitors. Breaking into song when another prays or speaks or preaches is another form of the attempt to imitate Evan Roberts's meetings.

But these things are merely the accidents of the true Revival and form no part of its kernel. For there is a kernel, which is overwhelming in its Divine power, and many thousands have experienced it, and there are ample signs that many thousands more will be touched by it.

There is, then, a Revival which is of God—of God alone—yes, a most mighty, an almighty Revival. I am not sure what ought to be said of the movement from a physiological point of view, but I am quite certain that, psychologically speaking, there has been what Professor James would call "subconscious incubation," due to the earnest prayers of godly men and women for many years, and also to the extremely earnest preaching of the Gospel—emphasising especially the Atonement—meaning by the Atonement the substitutionary death of our Lord Jesus Christ for the sins of the world.

Some preachers, again, laid great emphasis upon the Person and Ministry of the Holy Ghost. Others, again, gave attention to the ethical aspect of our religion, but with less effect, in my opinion, so far as the present real Revival is concerned. I have witnessed "bursts" of this real Revival as far back as two years ago. I understand that there are several would-be originators of the Revival, but I maintain that the human originator of the true Revival cannot be named. And this, to me, is one of the proofs that it is of Divine origin. I have witnessed indescribable scenes of this real Revival, effects that can never be put on paper. Hence I have a right to say that the real Revival has not, and cannot, be reported.

But there is another Revival in South Wales—a sham Revival, a mockery, a blasphemous travesty of the real thing. The chief figure in this mock Revival is Evan Roberts, whose language is inconsistent with the character of anyone except that of a person endowed with the attributes of a Divine Being. Is Evan Roberts, then, a Divine Being, or is he not? If not, what is he? Are there four persons in the Godhead, and is Evan Roberts the fourth? If so, I would call him "the Commander of the Third Person," or "the Master of the Spirit"—for the following are words which I myself heard from him on Monday night last at Bethania Chapel, Dowlais. The Spirit being somewhat reluctant to obey him, he said, "He must come," but the Spirit (of Whom he talked most glibly, just as a child speaks of its toy, but somewhat more off-handedly) would not obey the orders; then he told the congregation to sing,

"Oh send Thou the Holy Ghost," &c.

To whom was this well-known hymn-prayer addressed? Was it addressed to Evan Roberts? I suppose it must have been, for he spoke as though the Spirit was entirely in his grip. I have heard people say, "Evan Roberts is led by the Holy Spirit," I say, "No"—quite the contrary. Judging from his behaviour and talk, the Holy Spirit is led by Evan Roberts.

My honest conviction is this: that the best thing that could happen to the cause of the true religious Revival amongst us would be for Evan Roberts and his girl-companions to withdraw into their respective homes, and there to examine themselves and learn a little more of the meaning of Christianity, if they have the capacity for this, instead of going about the country pretending to show the Way of Life to people many of whom know a thousand times more about it than they do. Why, we have scores of young colliers in Dowlais with whom Evan Roberts is not to be compared either in intellectual capability or spiritual power.

But it is this mock Revival—this exhibition—this froth—this vain trumpery which visitors see and which newspapers report. And it is harmful to the true Revival—very harmful. And I am horrified lest visitors and people who trust to what they see at Evan Roberts's meetings and to newspaper reports should identify the two Revivals—the true and the false—the Heavenly fire and the ignis fatuus.

Before Evan Roberts visited Dowlais we had the holy fire burning brightly—at white heat—and at my own Church alone we could count our converts during the last five or six months by the hundreds. But what happened when Evan Roberts visited the place? People came from all parts anxious to see the man, "to understand something of the movement," and "to get some of the fire" to take home with them. I suppose that most of them did see the man, but I doubt whether they understood the movement—even the mock movement; they had no chance to understand the true movement, nor had they a chance of catching any of the true fire, for it wasn't there. I will say that with much effort Evan Roberts, together with his co-operators (and, evidently, they understood one another thoroughly, and each knew his or her part well and where to come in), managed by means of threats, complaints, and incantations, which reminded me of the prophets of Baal, to create some of the false fire. But never in my life did I experience such agony—the whole procedure being utterly sacrilegious. I should say that Evan Roberts must have seen and felt that he was a failure at Dowlais, but to cover the circumstance of failure there appeared in the paper after he had

proved himself so a prophecy concerning certain "misgivings" of his as to whether he ought to have undertaken a mission to Dowlais!

I should like to ask Evan Roberts a few questions—I have many more which I might ask, but I will be satisfied now with a few:—

1. He said that there was someone in the lobby who was accepting Christ, but no one did. What spirit told him this lie?

2. When requested to speak in English he has repeatedly said that he is not prompted by the Spirit, and that when thus prompted he would do so. Why did he not tell the straight truth and say, "I don't know English," which I am told is the fact? And what about the Spirit on the day of Pentecost? Has He changed?

3. Why does he wait until the meetings attain the climax of enthusiasm before he enters? If help is valuable at any stage, is it not mostly so at the commencement in order to kindle the fire?

4. Why does he visit places where the fire has been burning at maximum strength for weeks and months? Would it not be more reasonable for him to go to places which the fire has not reached?

5. What spirit makes him bad-tempered when things don't come about exactly as he wishes?

6. What spirit makes him say, "Ask God to damn the people if you don't ask anything else?"

Yes, but he has a lovely face and a beautiful smile—so some women say. This is the last resort.

May I repeat that I have written the above in the interest of the religion of Jesus Christ, and out of sympathy with visitors who come "to see the Revival." I may have to suffer persecution for writing the above—even by "spirit-filled" men (!), but I don't seek the renown of the martyr; still, if martyrdom for the truth be necessary I am ready. To the true Revival—the gloriously real Revival —I will say and pray with all my soul:

Cerdd ymlaen, nefol dan.

But to the bogus Revival I will say with all my soul—

Cerdd yn ol, gnawdol dan.

PETER PRICE (B.A. Hons.), Mental and Moral Sciences Tripos, Cambridge (late of Queens' College, Cambridge), Minister of Bethania Congregational Church, Dowlais, South Wales.

Tasg

Beth oedd effaith Diwygiad 1904-5?

Gweithiwch gyda phartner i drefnu'r cardiau hyn yn grwpiau. Meddyliwch am air neu 'deitl' ar gyfer pob grŵp o gardiau. Gallai'r teitlau hyn eich helpu i ysgrifennu paragraff da, strwythuredig i ateb y cwestiwn.

Neidiodd Jenkin Thomas i'w draed yn ystod gwasanaeth ym Mynyddcynffig a dweud, "Roeddwn i'n arfer chwarae cefnwr i'r diafol, ond dw i 'nawr yn flaenwr dros Dduw."	Yn sydyn, roedd gan Ysgol Sul yn Nhreorci lond dosbarth newydd o gyn-chwaraewyr rygbi oedd bellach yn meddwl bod rygbi yn bechadurus.	Ysbrydolwyd cenhadon i deithio i ogledd-ddwyrain India. Aeth eraill i adeiladu eglwysi newydd ledled y byd.
Llosgodd rhai chwaraewyr rygbi eu crysau. Rhwygodd cefnogwyr eu tocynnau tymor.	Dechreuodd Y Cymro werthu bathodynnau a llun Evan Roberts arnyn nhw am geiniog yr un.	Byddai gweithwyr diwydiannol yn dechrau eu dydd gwaith mewn gweddi.
Roedd plant mewn sawl ardal yn trefnu eu cyfarfodydd crefyddol eu hunain.	Roedd pobl yn dod o Loegr, Ffrainc, UDA a'r Almaen i Gymru i brofi'r diwygiad.	Cafwyd dirywiad ym mhoblogrwydd eisteddfodau a chymdeithasau drama.
Ymunodd 80,000 o'r rhai oedd wedi cael tröedigaeth â'r prif enwadau rhwng 1904-5.	Roedd 75% o'r rhai oedd wedi cael tröedigaeth yn 1904-5 wedi gadael eu capeli erbyn 1912.	Doedd llawer o gapeli ddim yn gallu delio â'r rhai oedd wedi cael tröedigaeth.
Mae yna bobl yng Nghymru heddiw sy'n cofio cyfarfod â phobl oedd wedi profi Diwygiad 1904-5.	Roedd y Mudiad Dirwest am i bobl addo peidio ag yfed alcohol. Ymgyrchodd yn llwyddiannus i gau nifer o dafarnau.	Roedd cynghorau sir Cymru yn gwrthod ufuddhau i Ddeddf Addysg 1904 oedd yn dweud y dylai'r trethi lleol gael eu defnyddio i gefnogi ysgolion eglwys.
Cofnododd Comisiwn yr Eglwys fod yna dri anghydffurfiwr (capelwr) i bob un Anglicanwr (eglwyswr).	Aeth nifer o'r rhai gafodd dröedigaeth ymlaen i fod yn aelodau gweithgar o'r Blaid Lafur Annibynnol.	Roedd pobl yn cynnal cyfarfodydd darllen y Beibl a chyfarfodydd gweddi yn ddigymell.
Dylanwadodd y diwygiad ar y Mudiad Pentecostalaidd, sydd erbyn heddiw â thua 115 miliwn o aelodau ledled y byd.	Dyma'r diwygiad cyntaf i'r papurau newydd adrodd amdano yn ddyddiol.	"Roeddwn i'n arfer dawnsio a doeddwn i erioed yn meddwl y gallwn i roi'r gorau iddo, ond af i byth i ddawnsio eto." *Merch a gafodd dröedigaeth*
" … mae dyledion gwael wedi cael eu talu i mi ers i'r diwygiad ddechrau." *Meddyg*	"Mae'r heddlu'n dweud wrthyf fod y tafarnau bron yn wag, a bod y strydoedd yn dawel a phrin y clywir rhegi." *J.T. Job, Bethesda*	Roedd Lloyd George, yr AS, yn canslo cyfarfodydd gwleidyddol yn hytrach na gwrthdaro yn erbyn y diwygwyr.

Diwygiad 1904

Oedd gan Ddiwygiad 1904-5 arwyddocâd hanesyddol?

Pump 'A' ar gyfer Meddwl am Arwyddocâd Hanesyddol

Anhygoel
(soniodd pobl ar y pryd ac/neu wedyn am y digwyddiad/datblygiad)

Aros yn y cof
(roedd y digwyddiad/datblygiad yn bwysig ar un adeg mewn hanes o fewn cof cyffredinol grŵp neu grwpiau o bobl)

Atseinio
(mae pobl yn hoffi gweld cyfatebiaeth ynddo; mae'n bosib cysylltu â phrofiadau, credoau a sefyllfaoedd ar draws amser a gofod)

Arwain at newid
(roedd iddo ganlyniadau ar gyfer y dyfodol)

Agoriad llygad
(yn dangos rhyw agwedd arall ar y gorffennol)

Christine Counsell (Five 'R's' for Thinking about Historical Significance)
(*Teaching History*, Rhifyn 114, Mawrth 2004)

Tasg

Defnyddiwch y ffynonellau hyn a'ch gwybodaeth a'ch dealltwriaeth eich hun i ateb y cwestiwn uchod.

Cyhoeddodd y *Western Mail* lyfrynnau coffa yn ystod Diwygiad 1904, a bu'r capeli a'r cyfryngau yn coffáu'r diwygiad yn 2004.

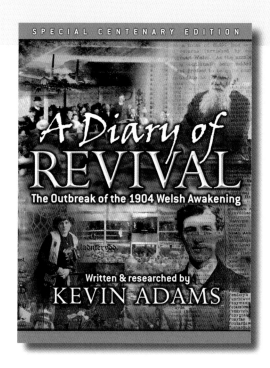

Roedd canu cynulleidfaol yn nodwedd o Ddiwygiad 1904-5 a chyhoeddwyd nifer o lyfrau emynau. Annie Davies (18 oed) oedd prif unawdydd Evan Roberts trwy gydol y diwygiad. Daeth yn enwog am ei datganiad o'r emyn fawr 'Dyma gariad fel y moroedd'. Roedd yn aml yn cyffwrdd cynulleidfaoedd hyd at ddagrau. Dyfalai pobl fod Annie Davies wedi dyweddïo ag Evan Roberts.

Mae Lleuwen Steffan, y gantores *jazz* o Gymru, wedi ailddarganfod emynau'r diwygiad ac wedi dewis eu recordio fel bod cynulleidfa newydd, ifanc yn gallu clywed fersiynau modern o emynau fel '*Dyma gariad fel y moroedd*'.

Os ewch chi ar wefan gerddoriaeth fel Apple iTunes, gellwch lawrlwytho'r emyn Ebeneser (*Dyma gariad fel y moroedd*) oddi ar albwm Lleuwen Steffan, *Duw a Ŵyr*.

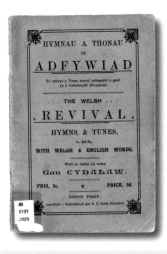

Ysgrifennodd y canwr Mal Pope sioe gerdd o'r enw *Amazing Grace* er mwyn adrodd hanes Diwygiad 1904-5. Teithiodd o amgylch nifer o theatrau a gellwch weld ffotograffau a chlywed rhai o'r caneuon ar wefan Mal Pope:

http://www.malpope.com/grace/home.html

"Wrth i'r sioe ddod i ben yn yr Wyddgrug, y cyfan y gallwn feddwl amdano wrth weld pawb yn sefyll ac yn curo dwylo oedd bod Duw yn ffyddlon. Dw i wedi cael cyfnodau hynod o uchel ac isel ar y ffordd hon. Roedd Duw yno ar gyfer y cyfan. Mae f'adwaith i lwyddiant a methiant wedi bod yn ddiddorol, mae pob cnoc a siom wedi gwneud i mi ymddiried mwy. Mae pob llwyddiant wedi cymryd ymaith yr angen i ymddiried. Dyna wers anhygoel i geisio ei dysgu. Mae ymddiried yn Nuw yn ystod llwyddiant yn llawer mwy anodd gan ei bod yn ymddangos fel pe na bai arnoch ei angen cymaint, pan, mewn gwirionedd, mae arnoch ei angen hyd yn oed yn fwy. Ac am fy Nghymreictod, mae hwnnw wedi bod yn rhodd fawr rwyf wedi'i thrysori. Mae gweld eraill yn profi'r Cymreictod hwnnw, o ble bynnag maen nhw'n dod, ac yn ei fwynhau hefyd, wedi bod yn wych."

Mal Pope

Diwygiad 1904

Edrych am gysylltiadau!

1. Roedd Evan Roberts yn enwog am ddeunaw mis. Beth sy'n gwneud rhywun yn enwog? Gwnewch restr o bwyntiau y gellwch eu defnyddio i gymharu Evan Roberts â rhywun sydd wedi dod yn enwog heddiw. Efallai y byddwch am ystyried pwyntiau fel sylw'r wasg, edmygwyr. Gallech gyflwyno'ch syniadau ar ffurf tabl.

Beth sy'n gwneud rhywun yn enwog?	Evan Roberts	

2. Mae'r project Bara'r Bywyd (Bread of Heaven) (gweler www.04.org.uk) yn cynllunio arddangosfa deithiol ar hyn o bryd i ddweud hanes crefydd yn Nghymru. Pam mae pobl am gofio'r gorffennol?

enter >

the**04**project

3. Mae rhai casglwyr yn hoffi casglu pethau cofiadwy (*memorabilia*). Chwiliwch ar eBay am bethau cofiadwy fydd yn dweud ychydig wrthym am Gymru gan mlynedd yn ôl. (Does dim rhaid i chi gynnig am unrhyw beth na'i brynu!)

Edrychwch eto ar y cwestiwn allweddol sydd wedi bod yn ganolbwynt yr ymholiad hwn:

Diwygiad 1904

Oedd Diwygiad 1904 yn ddigwyddiad arwyddocaol?

Anhygoel

Atseinio

Aros yn y cof

Oedd y digwyddiad yn arwyddocaol?

Arwain at newid

Agoriad llygad

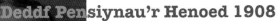

Deddf Pensiynau'r Henoed 1908

Pam defnyddio ffynonellau gwreiddiol sy'n amlwg yn unochrog?

PUNCH, OR THE LONDON CHARIVARI.—August 5, 1908.

THE PHILANTHROPIC HIGHWAYMAN.

Mr. Lloyd-George. *"I'LL* MAKE 'EM PITY THE AGED POOR!"

C

Beth mae'r cartwnydd yn ceisio'i ddweud wrthym?

Y Darlun Mawr

Bydd y bennod hon yn eich helpu i:

• Ddefnyddio a gwerthuso cartwnau ac areithiau gwleidyddol fel ffynonellau hanesyddol;
• Dysgu am Ddeddf Pensiynau'r Henoed 1908;
• Ystyried ffyrdd o drosglwyddo neges yn weledol.

Pwy oedd David Lloyd George?

Roedd David Lloyd George yn byw Llanystumdwy ger Cricieth. Cafodd ei addysgu yn yr ysgol gynradd leol ac yna'i hyfforddi i fod yn gyfreithiwr. Roedd yn cefnogi cydraddoldeb crefyddol. Credai ei bod yn annheg bod aelodau capeli yn gorfod talu degwm i Eglwys Loegr. Yn 1890, cafodd ei ethol yn Aelod Seneddol Rhyddfrydol dros Gaernarfon. Roedd yn cefnogi diwygio tirddaliadaeth, trethu teg a masnach rydd.

Yn 1908, daeth Lloyd George yn Ganghellor y Trysorlys. Roedd plaid Ryddfrydol y bedwaredd ganrif ar bymtheg wedi cefnogi hawliau'r unigolyn. Yr enw ar y polisi hwn oedd *laissez faire* (**anymyrraeth**). Ond erbyn 1908, roedd y llywodraeth Ryddfrydol yn credu y dylai helpu pobl dlawd. Yr enw ar y polisi hwn oedd ymyrraeth wladol. Cafodd deddfau eu pasio i dalu am giniawau ysgol a gwasanaethau meddygol. Talwyd pensiynau i'r henoed. Cafodd cynlluniau yswiriant eu sefydlu i amddiffyn gweithwyr mewn cyfnodau o afiechyd a diweithdra.

Roedd mwyafrif pleidleiswyr Cymru yn cefnogi'r blaid Ryddfrydol, ond roedd yna hefyd blaid newydd yn bodoli, oedd yn ennill mwy a mwy o gefnogaeth. Y blaid Lafur oedd enw'r blaid hon ac roedd hi'n credu mewn perchenogaeth wladol. Ystyr hyn oedd bod arweinwyr Llafur yn credu y dylai'r cyhoedd fod yn berchen ar y glofeydd, y gweithfeydd haearn a'r ffatrïoedd, gan ddefnyddio'r elw i helpu pawb. Yn 1900, cafodd Keir Hardie ei ethol yn AS Llafur dros Ferthyr Tudful. Erbyn 1906, roedd pleidleiswyr Prydain wedi ethol 29 AS Llafur.

Yn Rhagfyr 1916, daeth Lloyd George yn Brif Weinidog Prydain.

> **anymyrraeth** – peidio ag ymyrryd, peidio â busnesa

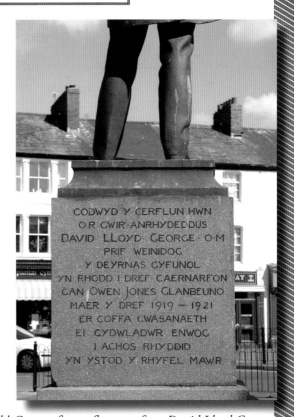

Cododd pobl Caernarfon gerflun er cof am David Lloyd George

Pam oedd y tlodion yn ofni henaint?

Yn ystod y bedwaredd ganrif ar bymtheg, roedd dosbarthiadau uchaf y gymdeithas yn credu bod pobl yn dlawd oherwydd gwendidau personol fel diogi a meddwdod. Doedd pobl dlawd byth bron yn gallu cynilo digon o arian i'w cynnal eu hunain wedi iddyn nhw fynd yn rhy hen i weithio. Roedd yn rhaid iddyn nhw ddibynnu ar gefnogaeth eu teuluoedd neu fynd i'r tloty.

'Mae pedwar drychiolaeth (ysbryd) yn poeni'r Tlawd – Henaint, Damwain, Salwch a Diweithdra. Rydyn ni'n mynd i'w bwrw nhw allan. Rydyn ni'n mynd i erlid newyn o'r aelwyd. Rydyn ni'n bwriadu alltudio'r tloty o orwel pob gweithiwr yn y wlad.'

David Lloyd George

C

Sut fath o fywyd oedd gan henoed tlotai Powys?

Tloty ym Mhowys

www.history.powys.org.uk

Defnyddiwch eich sgiliau ymchwil i ateb y cwestiwn.

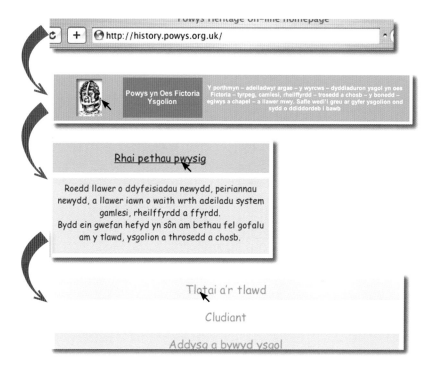

Sut lwyddodd y Llywodraeth Ryddfrydol i helpu'r henoed tlawd?

Yn 1908, cyflwynwyd Deddf Pensiynau'r Henoed gan Lloyd George a'r llywodraeth Ryddfrydol. Roedd y ddeddf yn golygu y byddai pawb dros 70 oed yn derbyn pensiwn wythnosol o 5 swllt. Byddai parau priod yn derbyn 7/6d. Byddai'r rhai ag incwm preifat yn derbyn llai na 5 swllt yr wythnos. Byddai'r pensiynwyr yn derbyn eu pensiynau o Swyddfa'r Post. Yng Nghymru, roedd y pensiwn yn cael ei alw'n 'Coron Lloyd George' neu 'Bensiwn Lloyd George'.

Oedd 7/6d yn bensiwn hael?
Ewch i ymweld â'r trawsnewidydd arian ar wefan yr Archifdy Gwladol i gael yr ateb!

http://www.nationalarchives.gov.uk/currency/

'Ddydd Gwener – dydd Calan – telir y pensiwn cyntaf i'r hen bobl, tan y gyfraith newydd. Yn y Llythyrdai lleiaf yr oedd yr awdurdodau ers dyddiau yn amharod i roi newid mewn arian, rhag ofn na byddai digon ar gael i dalu'r 528,000 o bobl fydd yn cael pensiwn.

Pan gafodd un hen wraig ei harian, dywedodd, "Wel, bellach, y mae gobaith i minnau gael byw".

Yr oedd un arall mor falch fel y mynnodd gael ysgwyd llaw â'r gwasanaethyddion oedd y tu ôl i'r cownter. Pan welodd y postfeistr, torrodd allan i lawenhau fwy fyth.'

Y Genedl Gymreig, 5 Ionawr 1909

MR THOMAS THOMAS, BLACKSMITH, GWYDDELWERN, WHO WAS THE FIRST IN WALES TO BE PAID THE OLD AGE PENSION TOGETHER WITH THE FIVE SHILLING PIECE HE RECEIVED

Cafodd y pensiwn cyntaf ei gyflwyno gan David Lloyd George yn 1911. Mr Thomas Thomas, gof o Wyddelwern, Sir Feirionnydd, oedd y cyntaf yng Nghymru i dderbyn ei bensiwn. Dyma lun o Mr Thomas a llun o'r darn 5 swllt a gafodd. Mae'r llun a'r darn 5 swllt i'w gweld yn Amgueddfa Lloyd George yn Llanystumdwy.

C

Pam mae pensiwn cyntaf Mr Thomas Thomas i'w gael yn Amgueddfa Lloyd George yn Llanystumdwy? Pam na wnaeth o ei wario?

Beth ydy'r gwahaniaeth rhwng darlun, ffotograff a chartŵn?

Mae lluniau mewn gwerslyfrau yn aml cael eu defnyddio fel darluniau i gyd-fynd â'r testun. Mae'r delweddau isod (A, B ac C) i'w gweld mewn llyfrau ar Ddeddf Pensiynau'r Henoed.

Tasgau

Ffurfiwch grŵp o dri a dewiswch un ddelwedd yr un.

Yna, atebwch y cwestiynau canlynol ar eich pen eich hun:

i)   Beth welwch chi yn y llun?
ii) Pam gafodd y llun ei dynnu?
iii) Pwy oedd i fod i weld y llun?

Fel grŵp, atebwch y cwestiynau canlynol:

i)   Beth ydy'r gwahaniaeth rhwng darlun, ffotograff a chartŵn?
ii) Pa un ydy'r eithriad?
iii) Pa mor ddefnyddiol ydy'r ffynonellau i hanesydd sy'n paratoi llyfr ar 'Lloyd George a Deddf Pensiynau'r Henoed 1908'? Pa ddelwedd fyddech chi'n ei dewis ar gyfer y clawr blaen? Rhowch resymau dros eich ateb.

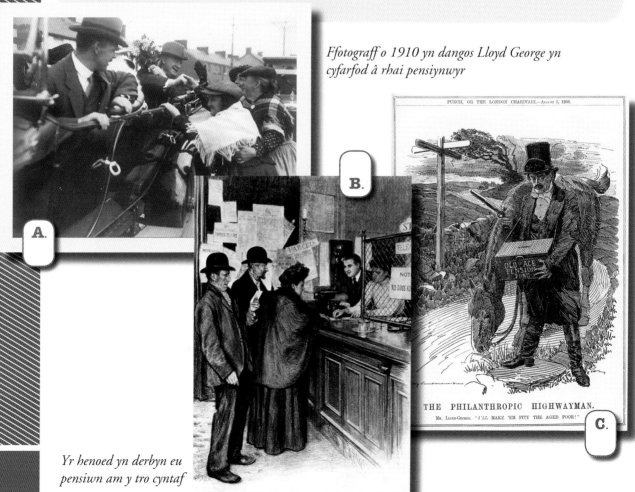

Ffotograff o 1910 yn dangos Lloyd George yn cyfarfod â rhai pensiynwyr

PUNCH, OR THE LONDON CHARIVARI.—August 5, 1908.

THE PHILANTHROPIC HIGHWAYMAN.

Mr. Lloyd-George. "I'LL MAKE 'EM PITY THE AGED POOR!"

Yr henoed yn derbyn eu pensiwn am y tro cyntaf

Pa mor arwyddocaol ydy Deddf Pensiynau'r Henoed 1908?

Pan fydd plaid wleidyddol wedi ennill digon o seddau mewn etholiad cyffredinol, bydd yn gallu ffurfio llywodraeth. Yna, bydd yr aelodau seneddol yn ceisio llywodraethu'r wlad yn ôl eu hideoleg wleidyddol (syniadau gwleidyddol). Byddan nhw'n ceisio cyflwyno deddfau newydd.

Bydd fersiwn drafft o ddeddf newydd yn cael ei drafod yn Nhŷ'r Cyffredin. Mesur ydy'r enw ar y fersiwn drafft hwn. Bydd yr wrthblaid yn aml yn dadlau yn erbyn y mesur newydd neu'n ceisio ei newid. Ar ôl hynny, bydd aelodau'r senedd yn pleidleisio a ddylai'r mesur gael ei basio ai peidio. Os bydd y mwyafrif yn cefnogi'r mesur, bydd yn cael ei anfon i Dŷ'r Arglwyddi.

Dydy'r arglwyddi sy'n ffurfio Tŷ'r Arglwyddi ddim wedi eu hethol. Maen nhw'n cael bod yno am eu bod nhw wedi etifeddu teitl neu am eu bod nhw wedi derbyn sedd yn Nhŷ'r Arglwyddi fel anrhydedd. Bydd y mesur yn cael ei drafod eto yn Nhŷ'r Arglwyddi. Os bydd mwyafrif yr arglwyddi yn cytuno â'r mesur, bydd yn cael ei basio ymlaen i'r Frenhines ar gyfer sêl ei bendith, a bydd deddf newydd wedi ei chyflwyno. Yr heddlu a barnwyr y llysoedd barn sy'n gyfrifol am sicrhau bod pobl yn ufuddhau i'r ddeddf newydd.

Tasg

Paratowch ddiagram llif, cartŵn stribed neu fwrdd stori fel bod disgybl iau yn gallu deall sut mae deddfau'n cael eu llunio.

Pasiwyd Deddf Pensiynau'r Henoed gan Dŷ'r Arglwyddi yn 1908 heb iddyn nhw sylweddoli beth fyddai'r canlyniadau. Roedd Lloyd George yn gwybod y byddai'n rhaid iddo drethu'r bobl gyfoethog er mwyn talu am y pensiynau a diwygiadau cymdeithasol eraill. Roedd Cyllideb y Bobl yn 1909 yn cyflwyno trethi uwch ar dybaco, gwirodydd a cheir. Roedd hefyd yn cyflwyno treth incwm ar gyfradd uwch a fyddai'n effeithio ar y bobl gyfoethog. Ac roedd y cynnydd mewn tollau marwolaeth a threthi ar elw a geid o fod yn berchen ar eiddo ac am ei werthu hefyd yn effeithio ar y cyfoethog.

Roedd gan y Rhyddfrydwyr fwyafrif yn Nhŷ'r Cyffredin, felly aeth y gyllideb yn ei blaen i Dŷ'r Arglwyddi. Roedd gan y Ceidwadwyr fwyafrif mawr yn Nhŷ'r Arglwyddi ac felly roedd yn **anochel** y bydden nhw'n gwrthwynebu'r ymdrech hon i ailddosbarthu cyfoeth. Cododd gwrthdaro rhwng y Tŷ Cyffredin a Thŷ'r Arglwyddi. Dadleuodd Lloyd George bod yr arglwyddi yn defnyddio eu safle i rwystro'r bobl dlawd rhag cael eu pensiynau. Disgrifiodd Dŷ'r Arglwyddi fel ' … pum cant o ddynion wedi'u dewis ar hap o blith y di-waith'. O'r diwedd, wedi brwydr hir, cafodd y gyllideb ei phasio trwy'r senedd, a lluniwyd deddfau i leihau grym Tŷ'r Arglwyddi.

Tasg

Tynnwch lun cartŵn gwleidyddol i ddangos eich bod un ai'n cefnogi neu'n gwrthwynebu Cyllideb y Bobl.

anochel – yn sicr o ddigwydd, dim modd ei osgoi

> Mae areithiau gwleidyddol yn amlwg yn unochrog – felly pam eu defnyddio?

Mae gan y Llyfrgell Brydeinig recordiad o Lloyd George yn areithio ar Gyllideb y Bobl yn 1909.
http://www.bl.uk/onlinegallery/themes/voices/george.html

I am one of the children of the people. I was brought up amongst them and I know their trials and their troubles. I am therefore determined in framing the budget to add nothing to the anxieties of their lot, but to do something towards lightening those they already bear with such patience and fortitude.

No necessity of life will be dearer or more difficult to get owing to the budget. On the other hand, out of the money raised by taxing superfluity, funds will be established to secure honourable sustenance for the deserving old and to assist our great benefit societies in making adequate provision for sickness and infirmity and against a poverty which comes to the widows and orphans of those who fall in the battle of industry. This is the plan, this the purpose of this government. We mean to achieve these aims whoever stands in the way.

Tasgau

1. Bydd rhai o'r geiriau ddefnyddiodd Lloyd George yn newydd i chi. Gweithiwch gyda phartner a chymryd eich tro yn ymarfer darllen yr araith yn uchel.

2. Mae Siôn, disgybl ym Mlwyddyn 9, yn credu bod yr araith hon yn profi bod Lloyd George yn siaradwr cyhoeddus effeithiol. Dewiswch ddyfyniadau byr o'r araith i gefnogi disgrifiadau Siôn yn y tabl ar y dudalen nesaf.

Barn Siôn	Dyfyniadau i gefnogi barn Siôn
Mae'n gwneud i'w gynulleidfa gredu ei fod yn deall y problemau sy'n wynebu'r henoed.	
Mae'n gwneud i'w gynulleidfa gredu ei fod yn eu hedmygu.	
Mae'n gwneud i'w gynulleidfa gredu bod y bobl sy'n gwrthwynebu ei gyllideb yn hunanol.	
Mae'n gwneud i'w gynulleidfa gredu ei fod yn berson penderfynol a fydd yn dyfalbarhau i helpu'r tlodion.	

Mae cartwnau gwleidyddol yn amlwg yn unochrog – felly pam eu defnyddio?

Tasg

Mae Tomos, disgybl ym Mlwyddyn 9, yn credu bod y cartŵn gwleidyddol isod yn ei helpu i ddeall Lloyd George fel gwleidydd. Mae'n credu bod rhannau o'r cartŵn yn cyfleu neges. Mae wedi ysgrifennu ychydig o frawddegau i ddangos sut mae wedi dadansoddi'r cartŵn. Tynnwch linell o bob brawddeg at ran benodol o'r cartŵn.

Roedd Lloyd George yn gryf a phenderfynol.

Roedd Keir Hardie (y dyn â'r farf) yn credu y dylai'r wladwriaeth fod yn berchen ar bob eiddo.

Roedd Prydain (sy'n cael ei chynrychioli gan y tarw, John Bull) yn amharod i dderbyn sosialaeth.

Roedd Lloyd George yn credu y dylai'r wladwriaeth helpu pawb.

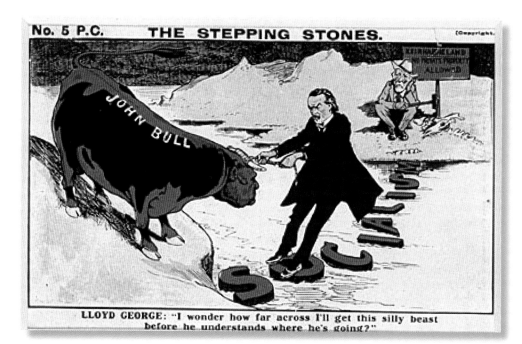

Ceisiodd Lloyd George dwyllo'r senedd i drethu'r cyfoethog er mwyn helpu'r tlodion.

Roedd y cartwnydd yn credu y byddai sosialaeth yn dinistrio Prydain.

Cliw:
Mae sosialaeth yn golygu mai'r wladwriaeth sy'n berchen ar y tir, y cloddfeydd a'r ffatrïoedd fel bod yr elw'n gallu cael ei ddefnyddio i helpu pawb.

Edrych am gysylltiadau!

1. Gwnewch restr o'r ffyrdd mae llywodraeth yn cefnogi pobl heddiw. O ble mae'r arian yn dod?

2. Roedd gwerth pensiynau yn bwnc dadleuol yn 2006. Beth mae'r cartŵn gwleidyddol hwn yn ei ddweud wrthym am 2006?

'WHAT A SHAME! JUST 10 MINUTES BEFORE YOUR PARTY WAS SUPPOSED TO START...'

(www.CartoonStock.com)

3. Dewiswch gartŵn gwleidyddol o bapur newydd neu wefan newyddion yr wythnos hon, ynghyd â'r erthygl sy'n cyd-fynd â'r cartŵn. Torrwch nhw allan a'u gludo yn eich llyfr. Peidiwch ag anghofio cynnwys enw'r papur newydd neu'r wefan, ynghyd â'r dyddiad.
    i)   Beth ydy'r stori newyddion?
    ii) Beth ydy agwedd y cartwnydd tuag at y stori newyddion? Ydy e neu hi yn ochri?
    iii) Pa mor ddefnyddiol fydd y cartŵn a'r erthygl ar gyfer haneswyr y dyfodol?

Edrychwch eto ar y cwestiwn allweddol sydd wedi bod yn ganolbwynt yr ymholiad hwn:

Deddf Pensiynau'r Henoed 1908

Pam defnyddio ffynonellau gwreiddiol sy'n amlwg yn unochrog?

Mae Dylan, fel llawer o ddisgyblion eraill ledled y wlad, wedi ceisio ateb y cwestiwn hwn. Mae ei athro wedi awgrymu bod angen iddo ef a'i gyd-ddisgyblion fod yn fwy dadansoddol yn eu hatebion. Dylen nhw ddefnyddio cysylltion fel 'oherwydd', a bwrw golwg yn ôl ar y nodiadau maen nhw wedi'u gwneud yn ystod yr ymholiad.

Sut fyddech chi'n ateb y cwestiwn?

Dyma ysgrifennodd Dylan:

"Mae'r ffynonellau yn rhai gwreiddiol. Mae hyn yn golygu eu bod nhw wedi cael eu hysgrifennu neu eu llunio ar y pryd. Roedd y bobl wnaeth eu llunio yn byw ar y pryd, ac felly mae'n rhaid eu bod yn gwybod beth ddigwyddodd. Dw i'n meddwl eu bod nhw'n wir ac felly maen nhw'n ddefnyddiol i haneswyr."

Dylan, Bl. 9

Dyma sylw ei athro yn ei lyfr:

Mae eich diffiniad o ffynhonnell wreiddiol yn dda. Meddyliwch eto ynglŷn â pham mae haneswyr yn falch fod cartwnau dechrau'r 20ed ganrif ac areithiau Lloyd George wedi goroesi. Defnyddiwch 'oherwydd' yn eich ateb.

Athro Hanes Dylan

Sut fyddech chi'n ateb y cwestiwn?

"Mae haneswyr yn defnyddio ffynonellau gwreiddiol unochrog oherwydd ...